Dominique
(Laval)
450-628-7717

PETITE PHILOSOPHIE DU MATIN

Paru dans Le Livre de Poche :

LE LIVRE DE LA SÉRÉNITÉ

CATHERINE RAMBERT

Petite philosophie du matin

365 pensées positives
pour être heureux tous les jours

EDIT|IONS

© Edition° 1, 2001.
ISBN : 978-2-253-08429-7 – 1re publication LGF

À ma mère,
bien sûr

Préface

Comment ne plus se mettre dans tous ses états pour un oui ou pour un non ?

Comment créer un univers serein autour de soi et éviter de répéter les mêmes erreurs ?

Comment atteindre à coup sûr ses objectifs ?

Comment être plus calme, plus équilibré et donc plus heureux dans sa vie de tous les jours ?

Difficile de trouver les chemins du bonheur et de la sérénité tant nous subissons chaque jour les agressions du stress, du bruit, de la vitesse, de la foule...

Petite Philosophie du matin propose des réflexions, des pensées, des petites phrases à méditer et des stratégies à adopter au quotidien pour trouver en nous des ressources et des aptitudes à une vie plus calme, plus heureuse et surtout moins dépendante des circonstances extérieures. Comment ? En sachant discerner l'essentiel de l'accessoire, l'utile du futile, et en privilégiant en toutes circonstances ce que l'on juge important pour soi et pour nos proches.

Quel meilleur moment que le matin, alors que la journée n'est encore qu'une page vierge, pour prendre de bonnes résolutions et décider qu'elle sera – envers et contre tout – réussie ? L'aube, avec le calme et le silence qui l'accompagnent, est un espace de temps suspendu, entre parenthèses, propice à la pensée, à la prise de conscience et... à la « petite philosophie ». C'est la période idéale pour se reconnecter avec soi-même et, en humant le parfum d'un bol de café ou de thé, songer à ce que les heures à venir seront. C'est aussi l'un de ces intervalles de temps privilégiés où l'on s'appartient, où rien ne vient bousculer notre réflexion : à chacun d'entre nous d'en faire un moment riche et puissant. Et de se convaincre d'une certitude : la journée qui débute est entre nos mains et elle sera ce que nous en ferons.

En profitant du matin pour « reprendre contact » avec soi-même, on apprend ainsi à être plus calme, à modifier nos comportements et nos réflexions. Aucune réussite n'est possible sans prise de conscience et sans changement personnel. En « lâchant prise », on redécouvre qu'il y a du bonheur dans l'accomplissement de chaque acte quotidien.

Petite Philosophie du matin délivre aussi de précieux conseils pour nous aider à saisir les occasions, à se relaxer, rester maître de soi, éviter de répéter les mêmes erreurs... et invite à une existence plus équilibrée et plus détendue.

La plupart des pensées ou des stratégies de vie réunies sont simples, évidentes en apparence, faciles à appliquer au quotidien. Certaines d'entre elles développent des idées similaires ou proches, tout simplement parce qu'il est parfois utile de répéter – et de se répéter ! – les choses de manières différentes.

À chacun de mettre en pratique ces réflexions librement adaptées des philosophies antiques (grecques et chinoises) pour une vie plus sereine et plus heureuse pour soi-même et ses proches.

Pensée du 1ᵉʳ matin
1ᵉʳ janvier

Changer...

Il est possible de changer fondamentalement sa vie en changeant de comportement.

Pensée du 2ᵉ matin
2 janvier

Joies

Le bonheur consiste à apprécier, prolonger et savoir renouveler les joies de l'existence.

Pensée du 3e matin
3 janvier

Aller...

Une seule personne peut nous empêcher d'aller
là où nous voulons arriver. Nous.

Pensée du 4ᵉ matin
4 janvier

Vœux

La période des vœux est l'occasion rêvée de renouer des contacts, prendre des nouvelles des êtres chers et envoyer des messages d'amour.

Pensée du 5ᵉ matin
5 janvier

Renouveau

Les matins qui viennent à l'aube de l'année nouvelle sont propices aux décisions et aux renouvellements. Changeons.

Pensée du 6ᵉ matin
6 janvier

Ne pas regretter le passé

Ce qui est passé ne peut plus être changé. Il faut l'accepter une fois pour toutes et cesser de regretter ce qui n'a pas été.

Pensée du 7ᵉ matin
7 janvier

Pour des vétilles

La plupart de nos soucis sont des vétilles qui se règlent aussi vite qu'elles sont apparues : désordre dans la maison, embouteillages, retards, factures à régler, tensions passagères... Acceptons ces incidents de parcours avec détachement, comme le cours normal de la vie. Il sera alors possible d'en sourire.

Pensée du 8e matin
8 janvier

Rendre heureux

Il y a un bonheur immense à rendre les autres
heureux, en dépit de ses propres tracas.

Pensée du 9e matin
9 janvier

Le vernis de l'apparence

Le vernis de l'apparence ne résiste pas à l'usure du temps. Aussi ne dupe-t-on jamais les autres très longtemps sur soi.

Pensée du 10e matin
10 janvier

Petites choses

C'est de l'attention que l'on porte aux petites choses que dépend la réussite d'une existence.

Pensée du 11e matin
11 janvier

Sourire

Sourire. Même sans raison. Et observer comme l'attitude des autres à notre égard change. Car rien n'est plus désarmant qu'un sourire.

Pensée du 12e matin
12 janvier

Désencombrer son esprit

Planifier sa journée et organiser ses priorités permet de libérer son esprit. Ainsi désencombrée, la pensée devient plus déliée, plus créative. On peut alors réfléchir sereinement et avancer dans la bonne direction.

Pensée du 13e matin
13 janvier

Progression

Ne pas viser trop haut, trop vite. On risque de ne pas atteindre l'objectif et d'être déçu. Mieux vaut procéder par étapes et s'assigner des buts progressifs. Car chaque petite victoire en prépare une plus grande.

Pensée du 14e matin
14 janvier

Aller dans le sens de ses objectifs

Face à un dilemme, éviter de réagir à chaud. Prendre du recul pour visualiser les conséquences de ses décisions. Et même s'il en coûte sur le moment, choisir toujours celle qui va dans le sens de ses objectifs.

Pensée du 15e matin
15 janvier

Petites défaites

Ne jamais se décourager. Et se souvenir que les petites défaites peuvent déboucher un jour sur une grande victoire.

Pensée du 16e matin
16 janvier

Direction

La vision que nous avons de notre propre vie
est déterminante pour sa réussite. Nos actes doivent être en conformité avec l'idée que nous nous
faisons de nous-mêmes. Il faut anticiper, penser,
agir pour devenir ce que nous ne sommes pas
encore, et recommencer, jour après jour, avec
constance et détermination. Choisir une direction
que l'on pense bonne pour soi, et s'y tenir.

Pensée du 17e matin
17 janvier

Éphémère...

La vie est fragile, fugace, si difficile parfois.
Pourquoi être dur et fermé aux autres alors qu'il
est si simple d'exprimer une parole de bonté et de
gentillesse ?

Pensée du 18e matin
18 janvier

Confiance en soi

Avoir confiance en soi permet d'avoir confiance en les autres.

Pensée du 19e matin
19 janvier

Sentiment d'échec

Il n'est pas grave d'échouer, il est plus grave de ne pas avoir essayé.

Pensée du 20ᵉ matin
20 janvier

Ne pas être passif

Ne pas passer les longs dimanches après-midi d'hiver, où le temps est mauvais, à traîner devant la télé. Noter comme souvent on finit alors la journée fatigué et insatisfait de soi. Profiter de ce temps pour accomplir un acte qui nous tient à cœur : jouer avec les enfants, réparer une lampe cassée, ranger un placard, essayer une nouvelle recette de cuisine. Ou bien s'obliger à sortir pour se rendre au cinéma, prendre le thé chez des amis, visiter un musée. Ne pas rester passif, pour ne pas avoir la sensation d'avoir perdu son temps.

Pensée du 21e matin
21 janvier

Maîtriser sa vie

Ne pas laisser les autres décider à sa place. Se souvenir que notre vie nous appartient et que nous seul vivrons les conséquences de nos actes.

Pensée du 22e matin
22 janvier

Noir sur blanc

Lorsqu'on se sent désorienté, déstabilisé et en proie au doute, écrire noir sur blanc ce que l'on veut, et surtout ce que l'on ne veut pas, permet de retrouver confiance et de se resituer dans l'univers.

Pensée du 23ᵉ matin
23 janvier

Œuvre d'art

Pourquoi ne pas essayer de faire de sa vie une œuvre d'art ?

Pensée du 24ᵉ matin
24 janvier

Intégrité

La constance, le courage, la fidélité, le calme sont des formes précieuses d'intégrité morale.

Pensée du 25e matin
25 janvier

L'amour des autres

L'amour des autres ne nous est jamais acquis. Nous devons tout faire pour le mériter, le préserver et l'entretenir.

Pensée du 26e matin
26 janvier

Une journée à vivre

Si l'on apprenait qu'il ne nous reste qu'une journée à vivre, ce qui nous paraît catastrophique deviendrait soudain très relatif.

Pensée du 27ᵉ matin
27 janvier

Profiter d'un passage à vide

On a le droit de se décourager, de baisser les bras dans un moment de lassitude ou de fatigue. À condition que cet état ne dure pas. Un passage à vide peut servir à recharger ses batteries. On peut se décourager. Pas renoncer.

Pensée du 28ᵉ matin
28 janvier

Croire en soi

Si l'on n'a pas confiance en soi, rien de grand n'est possible. Notre premier devoir quotidien est de croire en nous et d'être audacieux.

Pensée du 29ᵉ matin
29 janvier

Se réaliser

Déterminer chaque jour ses priorités et les accomplir permet d'être plus serein, moins stressé, de mieux dormir et d'être en harmonie avec soi-même. Cela donne en outre le sentiment très gratifiant de se réaliser au jour le jour.

Pensée du 30e matin
30 janvier

Miracle

Lorsqu'on aime et qu'on est aimé, on devrait remercier tous les jours la providence qui a permis ce miracle.

Pensée du 31e matin
31 janvier

La leçon des échecs

Après un échec, il convient de tirer une leçon. Pourquoi n'y suis-je pas arrivé ? Qu'est-ce qui ne va pas dans mon comportement ? Que puis-je faire pour y remédier ? Est-ce que je m'y prends bien ? Autant de questions nécessaires à sa progression personnelle. Si l'on occulte cette introspection, on s'expose à renouveler ses erreurs et à se débattre éternellement dans les mêmes problèmes.

Chaque fin de mois est propice à un petit bilan personnel.

Pensée du 32e matin
1er février

Être patient avec ses proches

Apprendre à être patient avec ses proches. Ne pas s'énerver pour un oui ou pour un non. Ils ne sont pas responsables de notre fatigue ou de notre stress.

Pensée du 33e matin
2 février

Perte de lucidité ?

Colère, accès de mauvaise humeur, pensée négative, déprime passagère... les variations de notre état émotionnel sont des pertes de lucidité ponctuelles qui altèrent nos capacités d'analyse et d'écoute. S'il n'est pas toujours possible de dominer ces phases de « dépression », il faut tenter de les identifier et éviter de prendre, à ces moments-là, des décisions que l'on risque de regretter ensuite. Mieux vaut attendre d'être dans de meilleures dispositions pour agir...

Pensée du 34e matin
3 février

La faute à qui ?

Ne pas incriminer autrui de ses propres échecs.
Nous sommes les premiers responsables de ce qui
nous arrive. Et ce sont donc nos choix, nos at-
titudes, nos comportements que nous devons
remettre en cause. Même si nous pensons avoir
échoué par la faute d'autrui, c'est d'abord à soi
qu'il faut reprocher ses erreurs de discernement,
et la confiance accordée à la mauvaise personne.

Pensée du 35ᵉ matin
4 février

Fondations

Si les fondations ne sont pas solides, la maison sera toujours bancale.

Pensée du 36ᵉ matin
5 février

Valoriser

Complimenter, valoriser, rassurer ceux qui
nous entourent est un acte de générosité dont ils
nous seront reconnaissants et qu'ils sauront nous
rendre.

Pensée du 37e matin
6 février

Partager la peine

La peine partagée est la moitié de la douleur,
mais le bonheur partagé est double.

Pensée du 38e matin
7 février

Riches

Pour se sentir riche, compter chaque matin les choses que l'on possède et que l'argent ne peut acheter.

Pensée du 39e matin
8 février

Confiance encore...

Dans les rapports humains, la confiance en l'autre est indispensable pour bâtir une relation saine et sereine.

Pensée du 40ᵉ matin
9 février

Mériter la confiance

Si l'on veut mériter la confiance d'autrui, il faut
en être digne : respecter la parole donnée, mettre
ses actes en conformité avec ses paroles, tenir une
promesse, respecter un délai, assumer un enga-
gement... Il faut parfois des années pour accorder
sa confiance pleine et entière à quelqu'un. Et
quelques secondes peuvent suffire à perdre ce
bien précieux.

Pensée du 41e matin
10 février

Différents

Admettre une bonne fois pour toutes que les autres sont différents. Chacun agit en fonction de son caractère, de sa sensibilité et de ses idées. Bien ou mal, qui peut le dire ? Nous avons tous nos défauts et nos faiblesses, mais chacun porte en soi des richesses et un potentiel d'amour. Il faut savoir se nourrir de cette diversité au lieu de s'en offusquer.

Pensée du 42ᵉ matin
11 février

Exprimer ce que l'on ressent

Lorsqu'on est blessé par une parole ou un geste maladroit, il est important de le signaler posément et d'exprimer ainsi sa vérité ou sa sensibilité. Si la sagesse requiert parfois de ne pas réagir à chaud, il faut néanmoins ne pas tarder, pour ne pas aggraver le malaise.

Pensée du 43ᵉ matin
12 février

Indulgent envers les autres

Si l'on jugeait ses actes avec autant de sévérité que l'on juge ceux des autres, il est probable que l'on se trouverait détestable.

Pensée du 44e matin
13 février

La famille

Ne pas oublier que la famille, avec ses défauts, son passé, même si elle est éloignée, est essentielle à notre équilibre. Elle constitue notre berceau, nos racines, celles qui nous ont permis de grandir.

Pensée du 45ᵉ matin
14 février

Récoltes

Pour recevoir, il faut donner.

Pour être aimé, il faut aimer.

Pour être accueilli, il faut accueillir.

Pour être écouté, il faut avoir su écouter.

Pour être entouré, il faut être ouvert et généreux.

Pour être compris, il faut soi-même être tolérant.

Pour vivre dans une atmosphère sereine, il faut soi-même être calme et détendu...

Ainsi va la vie. Chacun récolte ce qu'il sème.

Pensée du 46ᵉ matin
15 février

Chercher en soi

Les rapports que nous entretenons avec les autres sont le reflet de nos conflits ou de nos contradictions internes. D'où l'utilité de toujours chercher en soi la véritable origine d'une colère ou d'un conflit.

Pensée du 47ᵉ matin
16 février

Les plus simples

Ne pas être méprisant à l'égard des plus simples, des plus jeunes, ou des moins cultivés que soi. Chacun, en fonction de son passé, de son histoire, de ses blessures, s'est forgé sa philosophie. Pourquoi vaudrait-elle moins que la nôtre ? Le bon sens et l'amour sont partout. Chaque personne peut nous apprendre et nous enrichir si l'on sait l'écouter.

Pensée du 48e matin
17 février

Attentif

Demeurer attentif et ouvert. Parfois, une simple phrase, par sa lumineuse évidence, peut nous révéler à nous-mêmes et bouleverser le cours de notre existence.

Pensée du 49ᵉ matin
18 février

L'exemple

Les propos ont toujours moins de valeur que les actes. À quoi bon discourir sur la générosité si l'on n'est pas capable de soutenir un ami dans l'embarras ? Ou prôner la discipline si l'on est négligent pour soi-même ? C'est toujours à ses actes que l'on juge un homme. Car ils ont valeur d'exemple.

Pensée du 50ᵉ matin
19 février

Faire un peu, c'est déjà ça

Quand on est en retard sur son planning, éviter de se lamenter et de se décourager devant la liste de ce qui reste à accomplir. Plutôt que d'y voir une montagne infranchissable, effectuer une tâche après l'autre sans penser à la suite. Et méditer cette phrase de sagesse populaire : « Ce qui est fait, au moins, n'est plus à faire. » Au bout de quelque temps, on est finalement surpris de ce que l'on a réalisé malgré tout.

Pensée du 51ᵉ matin
20 février

Ne pas refuser un effort

Avant d'esquiver une contrainte, se poser la question du bénéfice que l'on tirerait à moyen terme en s'obligeant à accomplir ce qui nous coûte dans l'instant. Souvent, un effort minime rapporte bien des bénéfices.

Pensée du 52ᵉ matin
21 février

Ne pas céder à la jalousie

La jalousie est une véritable calamité. Elle nous empêche d'apprécier notre bonheur et de partager celui d'autrui.

Pensée du 53ᵉ matin
22 février

Demander pardon

Ne pas se laisser guider par son orgueil. S'excuser et demander pardon n'a jamais tué personne.

Pensée du 54ᵉ matin
23 février

De l'importance d'un problème

Lorsqu'on décide d'accorder peu d'importance à un problème, il se réduit de lui-même.

Pensée du 55ᵉ matin
24 février

Moments partagés

Offrir à ses proches du temps et des moments partagés. Ils resteront gravés dans leurs souvenirs bien plus que n'importe quel présent matériel.

Pensée du 56e matin
25 février

Héros

Être aussi souvent que possible l'acteur principal de sa propre vie. Et si possible le héros.

Pensée du 57ᵉ matin
26 février

Nuire aux autres c'est se nuire

La vengeance, les coups bas, la rancœur, la médisance, l'hypocrisie, y compris à l'égard de qui nous a blessé, sont des actes et des sentiments dégradants et avilissants. En voulant nuire aux autres, on se nuit d'abord à soi-même.

Pensée du 58e matin
27 février

Souvenirs...

Ne pas encombrer sa mémoire de mauvais souvenirs ou de pensées négatives. Les remplacer par les bons moments, ceux qui nous ont rendus heureux, pour les faire revivre en nous...

Pensée du 59e matin
28 février

Modérer l'importance des souvenirs

On peut conserver des objets, des photos, commémorer, célébrer... mais la seule place qui vaille pour ceux qui ne sont plus demeure dans nos cœurs.

Pensée du 60ᵉ matin
1ᵉʳ mars

Content

Ouvrir les volets, voir qu'il fait beau et être content.
Un nouveau mois vient de naître.

Pensée du 61ᵉ matin
2 mars

Agir sans attendre

Pourquoi toujours attendre ? Décider d'agir là, maintenant, tout de suite. Et bâtir son avenir.

Pensée du 62ᵉ matin
3 mars

Hommage

Le plus bel hommage à rendre aux disparus est de continuer à être heureux sans eux.

Pensée du 63ᵉ matin
4 mars

Ne pas tarder

Garder en tête que le temps nous est compté et qu'il ne faut pas tarder à accomplir ce qui nous tient à cœur.

Pensée du 64ᵉ matin
5 mars

Trop tard

Quand un malheur arrive, il est trop tard pour apprécier le bonheur que l'on avait auparavant.

Pensée du 65ᵉ matin
6 mars

Précaution

Lorsqu'on agit avec précaution et mesure, on s'épargne bien des déconvenues et des malheurs.

Pensée du 66ᵉ matin
7 mars

Le joug de l'argent

Éviter les dépenses excessives, l'argent jeté par les fenêtres, les découverts, les crédits... c'est une spirale sans fin. La dépendance excessive à l'argent est une aliénation et une source d'angoisse. En restreignant ses besoins, on se libère.

Vivre plus humblement, c'est vivre libre.

Pensée du 67ᵉ matin
8 mars

Victoire

Avoir de l'argent, c'est formidable. Pouvoir s'en passer sans amertume, voilà la vraie victoire.

Pensée du 68ᵉ matin
9 mars

Vice versa ?

Une personne qui nous aime sans argent nous aimera quand nous serons plus riche. Mais l'inverse est-il vrai ?

Pensée du 69e matin
10 mars

Se libérer de ses peurs

Il faut exprimer ses doutes, ses angoisses, ses faiblesses. Exprimer, c'est expulser. Les mots fonctionnent comme une mise à distance. Ne pas garder en soi ses peurs, c'est commencer à s'en libérer.

Pensée du 70ᵉ matin
11 mars

Demain est un autre jour

Si la journée de la veille n'a pas été aussi réussie qu'on le souhaitait, si des contretemps, des tracas sont venus contrarier des projets ou ont occasionné des retards, s'ils ont provoqué des disputes avec nos proches... Se dire qu'aujourd'hui est une autre chance, une nouvelle page, qui sera, si nous le voulons, plus belle que la précédente.

Pensée du 71e matin
12 mars

L'art du bonheur

Et si l'on cessait de compter, de quantifier, d'évaluer, de mesurer, de comparer... L'art du bonheur ne consiste pas à comptabiliser, mais à limiter ses désirs des choses de ce monde et à s'en trouver bien.

Pensée du 72e matin
13 mars

Attendre

Se souvenir que dans certaines situations, il est parfois « urgent d'attendre ».

Pensée du 73e matin
14 mars

Ô temps !

Perdre du temps n'est pas forcément une perte
de temps.

Pensée du 74e matin
15 mars

Première cigarette

Retarder l'heure de la première cigarette du matin, c'est une victoire sur soi-même. En attendant d'en fumer moins... pour n'en fumer plus.

Pensée du 75ᵉ matin
16 mars

Harmonie

S'interroger : ma façon de vivre au quotidien est-elle en harmonie avec ce que je désire vraiment faire de ma vie ?

Pensée du 76ᵉ matin
17 mars

De la méditation

La méditation, le silence, le recueillement permettent de prendre conscience de soi-même, de vivre plus harmonieusement et d'être plus calme.

Pensée du 77ᵉ matin
18 mars

Contrôler son humeur

Notre humeur du matin détermine notre façon de voir le monde. Et non l'inverse. Si l'on a bien dormi et que l'on se réveille en forme, on a tendance à entrevoir des solutions pour chaque problème qui se présente. Dans un jour défavorable, le même souci nous paraîtra insurmontable et notre existence une succession de contraintes. En bien des circonstances, c'est moins l'environnement qui change que le regard que nous portons sur lui.

Pensée du 78e matin
19 mars

Défaut ou atout

Accepter avec tranquillité de ne pas être parfait.
D'ailleurs, dans certaines circonstances, un défaut
peut devenir un atout.

Pensée du 79ᵉ matin
20 mars

Une bonne dispute est celle qui cesse

Il peut être bon de se disputer, mais il est bon aussi de savoir mettre fin à une querelle avant qu'elle ne devienne destructrice.

Conte du printemps

Les gros cailloux

Lors d'un séminaire aux États-Unis, à la célèbre université de Harvard, un vieux professeur de philosophie fut sollicité pour tenir une conférence devant les plus hauts dirigeants de la planète.

Le thème en était le temps.

Ces hommes et ces femmes responsables du destin du monde étant très occupés, le professeur ne disposait que d'une heure pour dispenser son enseignement. Il se présenta devant cette illustre assemblée et la salua d'un sourire. Il scruta les visages lentement, un par un, puis prit la parole d'une voix douce qui contrastait avec l'attitude surmenée de son auditoire. Ses gestes posés et lents étaient autant d'inclinations à la sérénité.

Il se pencha et saisit, sous la table derrière laquelle il se tenait, un grand pot en verre transparent qu'il plaça avec précaution devant lui. Ensuite, il sortit, toujours de sous son bureau, une douzaine de galets gros comme des oranges, et les déposa un par un dans le récipient. Lorsque celui-ci fut rempli et qu'il fut impossible d'y ajouter un seul caillou, il leva doucement les yeux vers l'assistance et demanda :

« Le pot est-il plein ? »

Tous répondirent :

« Oui. »

Il ménagea son effet et reprit :

« Vraiment ? »

Il s'inclina à nouveau et prit sous le pupitre un sac de graviers qu'il versa sur les galets. Il secoua légèrement le récipient. Et les graviers s'infiltrèrent entre les cailloux... jusqu'au fond.

Le professeur regarda son auditoire et demanda :

« Le pot est-il plein, à présent ? »

L'assemblée, perplexe, hésitait à répondre, lorsque quelqu'un lança :

« Probablement pas !

– Bien. » opina le sage.

Toujours avec infiniment de précautions, il extirpa de sous son pupitre un seau de sable dont il vida le contenu sur les pierres. Le sable s'insinua entre les cailloux et les graviers.

Une nouvelle fois, il interrogea :

« Le pot est-il plein ?

– Non ! » assénèrent les spectateurs.

Et comme chacun s'y attendait, il prit un pichet rempli d'eau qu'il déversa jusqu'à remplir complètement le vase initial.

« Cette fois, dit-il, je crois que le pot est plein. »

Et chacun acquiesça.

« Quelle grande vérité nous enseigne cette expérience ? »

Songeant au thème du cours, la gestion du temps, l'un des dirigeants se risqua à répondre :

« Vous avez voulu nous démontrer que le temps est compressible et que même lorsque notre agenda est surchargé, il est toujours possible d'y ajouter des rendez-vous supplémentaires. »

Le maître sourit.

« La grande vérité que nous enseigne cette expérience est que si je n'avais pas mis les gros cailloux en premier dans le pot, je n'aurais pas pu les y faire entrer tous, ensuite. »

Un profond silence accueillit ses paroles. Chacun prenant conscience de l'évidence de ces propos, sans toutefois en comprendre le sens.

« Quels sont les gros cailloux de votre vie ? reprit le maître. Quelles sont vos priorités absolues ? En un mot, l'essentiel de votre existence ? Votre famille ? Votre santé ? Vos amis ? Réaliser vos rêves ? Vous cultiver ? Défendre une cause ? Prendre le temps ? Être heureux ? La leçon à tirer de cette expérience est qu'il faut toujours privilégier l'ESSENTIEL, sinon nous risquons de passer à côté de notre existence. Si on donne priorité aux peccadilles (le gravier, le sable), notre vie n'ira pas à l'ESSENTIEL. »

L'assemblée écoutait en silence ces phrases pleines de sagesse.

« Alors, ajouta le vieux professeur, posez-vous chaque jour la question : quels sont les gros cailloux de ma vie ? Et placez-les en priorité dans votre pot. »

Sur ces dernières paroles, le vieux professeur salua son auditoire et lentement quitta la salle. Émue aux larmes par cette leçon de sagesse, l'assistance l'applaudit.

Pensée du 80e matin
21 mars

Printemps

Le printemps est la saison du recommencement : la nature renaît, les plantes se réveillent, les
fleurs s'épanouissent lentement, les jours rallon-
gent, tout semble muer, se renouveler, se vivifier.
Profiter de cette période pour faire peau neuve et
se remettre en cause. Prendre de bonnes résolutions pour replacer sa vie en harmonie avec « sa »
nature.

Pensée du 81ᵉ matin
22 mars

Qui d'autre ?

Qui d'autre que nous peut décider de ce qui est bien ou mal pour nous ?

Pensée du 82ᵉ matin
23 mars

Déterminer ses priorités

Au réveil, il convient de s'interroger sur ses priorités, d'en choisir une, et de faire de celle-ci « la » priorité de la journée.

Déterminer celle d'aujourd'hui.

Pensée du 83ᵉ matin
24 mars

Devoir

Il n'est de devoir que celui d'être positif et de décider qu'aujourd'hui sera une belle journée.

Pensée du 84ᵉ matin
25 mars

Trois questions essentielles

Toute personne aspirant au bonheur devrait se poser trois questions :
– Quel est mon but ?
– Que dois-je faire pour y parvenir ?
– Cela me rendra-t-il plus heureux ?

Pensée du 85ᵉ matin
26 mars

Ralentir

La précipitation au saut du lit génère stress et mauvaise humeur. Prendre son temps au réveil est un gage d'équilibre, de calme et de sérénité.

Pensée du 86ᵉ matin
27 mars

Page vierge

Chaque jour qui commence est une page vierge. Une étendue de temps qui n'a pas encore été vécue. On peut y écrire ce que l'on veut. Il n'appartient qu'à soi de décider de réussir cette journée, malgré ses contraintes et ses obligations.

Pensée du 87e matin
28 mars

Leçon

De chaque événement de la vie, il est possible de tirer une leçon de bonheur.

Pensée du 88ᵉ matin
29 mars

Changer

Nous seuls avons la possibilité de décider de changer le cours de notre vie.

Pensée du 89e matin
30 mars

La campagne au réveil

Au printemps, observer un paysage de campagne, le matin, quand tout est encore calme. S'imprégner du spectacle de la nature qui s'éveille lentement : la lumière douce du premier soleil, le ciel rincé par l'humidité de la nuit, le parfum d'herbe mouillée, le silence... S'imprégner de ce moment-là et ressentir sa lumineuse intensité.

Inspirer, expirer profondément...

Et si l'on vit au cœur d'une ville, imaginer que l'on s'étire en pleine nature, dans celle que l'on peut s'inventer et qui sera plus belle encore que dans la réalité.

Pensée du 90e matin
31 mars

Penser à ses proches

L'une des premières pensées de la journée doit être pour ceux que l'on aime. Ne pas les négliger, ils sont notre plus belle richesse. Penser à leur dire – et leur redire aussi souvent que possible – la place importante qu'ils occupent dans notre vie. Leur début de journée et le nôtre seront habités de cette certitude fondamentale : aimer et être aimé.

Pensée du 91e matin
1er avril

L'important

Une journée réussie est une journée au cours de laquelle on a su distinguer ce qui était important de ce qui ne l'était pas. Et agir en conséquence.

Pensée du 92e matin
2 avril

Bonne figure

Nul n'est responsable de la tête qu'il a, mais de celle qu'il fait.

Pensée du 93ᵉ matin
3 avril

Le plein d'énergie

Le petit déjeuner est un moment essentiel. Nourrir son organisme est une symbolique forte, surtout en début de journée. On le charge d'énergie avant d'aller vers ses occupations quotidiennes. Trop souvent délaissée, cette première étape est indispensable. Envisage-t-on d'entamer un long trajet en voiture sans plein de carburant ? Non, car on court le risque de tomber, tôt ou tard, en panne d'essence. Aussi, pour que l'organisme ne nous lâche pas en cours de journée (coup de fatigue, stress, trou de mémoire...), il faut lui donner son carburant dès le matin.

Pensée du 94e matin
4 avril

Lumière de printemps

Dès le lever, inviter la lumière à entrer chez soi. Ouvrir les volets, tirer les rideaux. Respirer l'air frais, même s'il est froid, se nourrir de cette première luminosité, symbole d'un nouveau jour. Et en ressentir le bien-être.

Pensée du 95ᵉ matin
5 avril

Être heureux maintenant

Pourquoi remettre à plus tard la possibilité d'être heureux ?

Pensée du 96ᵉ matin
6 avril

Responsabilités

Inutile d'essayer de fuir ses responsabilités.
Elles finissent toujours par nous rattraper.

Pensée du 97ᵉ matin
7 avril

Être bien chaussé

Choisir de bonnes chaussures dans lesquelles les pieds sont à l'aise, c'est s'aménager des heures de bien-être. La voûte plantaire supporte l'ensemble du poids du corps toute la journée. Elle centralise un ensemble de terminaisons nerveuses. Si elle ne repose pas confortablement, si elle est à l'étroit dans une chaussure trop haute ou trop petite, c'est d'une certaine manière notre équilibre physique qui est fragilisé. « On ne peut marcher en regardant les étoiles quand on a une pierre dans le soulier », disent les Chinois. D'où l'importance d'être bien chaussé.

Pensée du 98e matin
8 avril

Chaque jour est ce que l'on décide

Au réveil, ne pas sortir de son lit d'un bond. Rester allongé quelques minutes sur le dos. Respirer à fond. Penser à soi et à ce que l'on va faire de cette journée. Prendre pleinement conscience de cet instant. Décider que les heures qui vont suivre seront créatives, enrichissantes, positives... réussies.

Ancrer cette certitude en soi, dans le silence du matin.

Puis se lever.

Pensée du 99e matin
9 avril

Première méditation

Rester quelques minutes supplémentaires dans son lit. Allongé sur le dos, inspirer et expirer lentement en ayant conscience de chaque mouvement de respiration. Se vider la tête et ne plus penser à rien pendant quelques instants. Ainsi s'offre-t-on sa première méditation de la journée.

Pensée du 100ᵉ matin
10 avril

Aimer mieux

On aime mieux quand on aime l'autre pour ce qu'il est.

Pensée du 101e matin
11 avril

Aimer pour être aimé

Si l'on veut que les autres nous aiment, commençons par les aimer.

Si l'on veut qu'ils s'intéressent à nous, commençons par nous intéresser à eux.

Si l'on veut des amis fidèles et généreux, soyons-le aussi.

Commençons par donner, et l'on recevra.

Pensée du 102ᵉ matin
12 avril

Ménager les autres

L'univers dans lequel nous vivons serait plus doux si chacun traitait les autres comme il aimerait qu'on le traite.

Pensée du 103ᵉ matin
13 avril

Auspices

Sourire, dire bonjour, remercier, laisser passer permet de débuter une journée sous de meilleurs auspices.

Pensée du 104ᵉ matin
14 avril

Amis

Ne pas envier les gens qui semblent avoir de nombreux amis. Souvent, ils n'en ont aucun.

Pensée du 105ᵉ matin
15 avril

Nager dans le sens du courant

Mieux vaut parfois nager dans le sens du courant (même si ce n'est pas vraiment la direction que l'on souhaitait prendre) plutôt que de s'obstiner et de gaspiller son énergie dans un combat perdu d'avance.

Pensée du 106ᵉ matin
16 avril

Stratégie

Parfois, il peut être stratégiquement avantageux de reculer d'un pas ou de perdre une ou deux parties pour reprendre la main un peu plus tard.

Pensée du 107e matin
17 avril

Être opportuniste

Si les événements ne tournent pas comme on le souhaitait, il faut réfléchir à la meilleure façon d'en prendre son parti et tenter de retourner à son avantage une situation inattendue.

Pensée du 108ᵉ matin
18 avril

Être son meilleur ami

Chacun a en soi des forces positives et négatives qui le poussent, selon les circonstances, à être son meilleur ami ou son pire ennemi. Il faut savoir se ménager soi-même et devenir son plus solide allié. Cela veut dire ne pas se dévaloriser, se faire confiance, se ménager, identifier et dominer des faiblesses, ne pas être destructeur. Celui qui sait se vaincre lui-même n'a plus personne à craindre.

Pensée du 109e matin
19 avril

Discerner ce qui est grave

Peu – très peu – d'événements valent l'importance qu'on leur accorde.

Pensée du 110ᵉ matin
20 avril

En perspective

Remettre les incidents ou les problèmes dans leur perspective. Que représentent-ils dans la globalité de notre existence ? Souvent peu de chose. Y pensera-t-on encore demain ? Dans une semaine ? On découvre ainsi que la plupart de ce qu'on appelle des « problèmes » n'en sont pas. Juste des accrocs sans réelle importance.

Pensée du 111e matin
21 avril

Chasser les contrariétés

Ne pas laisser une contrariété survenue le matin ou la veille au soir nous gâcher la journée. Souvent, cela n'en vaut pas la peine. Chaque instant de vie mérite d'être réussi.

Pensée du 112ᵉ matin
22 avril

Le présent

Le passé est passé.
Le futur est inconnu.
Seul le présent nous appartient.

Pensée du 113e matin
23 avril

Quand il est temps

De vive voix, par téléphone, par mail ou dans une lettre, dire chaque jour à un ami ou à un membre de sa famille qu'on pense à lui et qu'on l'aime. Quand les gens ne sont plus là, il est trop tard pour leur confier l'importance qu'ils avaient à nos yeux et l'amour qu'on leur portait.

Pensée du 114ᵉ matin
24 avril

Regrets

De manière générale, les choses que l'on
regrette le plus sûrement sont celles que l'on n'a
pas faites.

Pensée du 115e matin
25 avril

Relativiser

Tout paraît plus dérisoire lorsqu'on ne perd pas de vue l'essentiel.

Pensée du 116ᵉ matin
26 avril

L'enseignement des enfants

Les enfants sont nos professeurs. Ils nous apprennent, nous grandissent, nous renforcent.

Pensée du 117e matin
27 avril

Bilan

Tout ce qui reste d'une vie est l'amour que l'on a su donner à ses proches.

Pensée du 118e matin
28 avril

Petit bonheur et grandes espérances

Mieux vaut être heureux dans un trois-pièces exigu que malheureux dans une somptueuse maison. Cela paraît évident, mais combien d'entre nous négligent leur bonheur actuel, leur famille, leurs amis, pour courir après une reconnaissance sociale ou des biens matériels qu'ils ne sont jamais certains d'obtenir ? Se poser la question : ces espérances valent-elles autant de sacrifices ?

Pensée du 119e matin
29 avril

Étincelle

Il faut prêter attention aux détails de la vie : son conjoint est irritable ? Chercher à savoir pourquoi. Le petit dernier travaille mal à l'école ? Prendre rendez-vous avec l'instituteur. On s'essouffle plus que d'habitude en faisant du jogging ? Consulter sans attendre un médecin. Se souvenir qu'une petite étincelle négligée peut provoquer un énorme incendie.

Pensée du 120e matin
30 avril

Vigilance

En toute circonstance, s'efforcer de rester vigilant. Quand la conscience ne veille pas, on s'expose au danger et aux erreurs.

Pensée du 121ᵉ matin
1ᵉʳ mai

Réveiller son esprit

Profiter de ce jour chômé pour prendre le temps de ne rien faire. L'inactivité physique réveille l'esprit et ouvre de nouveaux horizons. C'est une façon de faire de ce jour un jour plein et essentiel.

Se faire soi-même cette proposition : « Et si je ne faisais rien ? »

Pensée du 122ᵉ matin
2 mai

Le calme conduit au bonheur

Pour certains, le calme est synonyme d'ennui.
Ils oublient que c'est souvent une promesse de
bonheur.

Pensée du 123e matin
3 mai

Mission accomplie

Lorsqu'on a bien travaillé, et que l'on en a conscience, on est toujours calme et serein.

Pensée du 124ᵉ matin
4 mai

Le bon moment

Faire les choses à point permet de gagner un temps précieux et de rester calme.

Pensée du 125ᵉ matin
5 mai

À mains nues

Réaliser quelque chose de ses mains procure un immense sentiment de satisfaction et augmente l'estime de soi.

Pensée du 126ᵉ matin
6 mai

Parler mezza voce

Parler posément, d'une voix calme et douce, contribue à créer une atmosphère paisible et constructive autour de soi.

Pensée du 127ᵉ matin
7 mai

Douche froide

Parmi les gestes toniques du matin, terminer sa douche par un jet d'eau froide sur tout le corps est l'un des plus stimulants qui soient. On se sent alors dans une forme olympique et étonnamment gai.

Pensée du 128ᵉ matin
8 mai

Vérités

Les vérités que l'on aime le moins entendre sont pourtant celles dont on a le plus grand besoin.

Pensée du 129e matin
9 mai

Peu

Faire un peu est toujours mieux que ne rien faire du tout.

Donner un peu est toujours mieux que ne rien donner du tout.

Pensée du 130e matin
10 mai

Quand l'habitude devient nature

Ne pas laisser une mauvaise habitude s'installer et prendre le dessus. À la longue, elle risque de devenir un trait de caractère dominant. Ainsi faut-il éviter de s'emporter à la moindre contrariété et s'efforcer de maîtriser ses nerfs. Ne pas prendre de poids si l'on a tendance à l'embonpoint. Ne pas ressasser ce que l'on a raté pour ne pas devenir aigri... En luttant contre ses penchants négatifs, on évite de se laisser dominer par eux. Ce sont autant de petites victoires quotidiennes sur soi.

Pensée du 131e matin
11 mai

Achever

Cesser de remettre à demain ce que l'on peut faire aujourd'hui. Ou à tout à l'heure ce que l'on peut réaliser dans l'instant. Les tâches inachevées encombrent inutilement l'esprit et génèrent stress et frustration. Se fixer des délais pour accomplir et terminer chaque obligation.

Pensée du 132ᵉ matin
12 mai

Chat assis

Observer l'impression de calme et de sérénité
que dégage un chat assis et immobile.

Pensée du 133e matin
13 mai

Être heureux maintenant

Qui peut dire ce que l'avenir nous réserve ?
Personne.

Qui peut faire que nous soyons heureux maintenant ? Nous.

Pensée du 134ᵉ matin
14 mai

Aimer ce que l'on fait

Pour espérer réussir, il faut aimer sincèrement ce que l'on fait. Accomplir chaque jour avec application, conscience et amour la tâche qui nous est confiée. Un travail réalisé avec soin procure apaisement, satisfaction, et permet de progresser sur la voie de l'accomplissement personnel.

Pensée du 135e matin
15 mai

Promesse

Se faire une promesse à soi-même, la tenir et repousser ainsi ses propres limites.

Pensée du 136e matin
16 mai

Se rapprocher de son but

Se fixer un objectif et faire tous les jours quelque chose pour s'en rapprocher. Et aujourd'hui encore...

Pensée du 137ᵉ matin
17 mai

Surmonter les obstacles

Les grandes orientations de notre vie ne doivent pas être bouleversées par des incidents de parcours. Des événements imprévus peuvent nous contraindre à retarder nos projets, à les aborder différemment, mais en aucun cas nous y faire renoncer. Qu'importe si le chemin est plus difficile que prévu, l'important est de garder le cap. On a vu ainsi des marins gagner un tour du monde à la voile malgré des avaries, des champions de tennis remporter des matchs après des sets perdus, des grands patrons faire fortune après une faillite, des femmes avoir un enfant après plusieurs fausses couches... Chaque réussite cache son lot de déconvenues et de persévérance.

Pensée du 138ᵉ matin
18 mai

Se réinventer

La confiance en soi est cette force morale qui
permet de se « réinventer » après un échec.

Pensée du 139ᵉ matin
19 mai

Programmer son succès

Avec volonté et méthode, chacun d'entre nous a les moyens de réussir ce dont il rêve et de programmer son succès. Pour cela, il ne faut jamais – jamais ! – perdre de vue son objectif et, chaque jour, accomplir quelque chose pour s'en rapprocher. Le pianiste virtuose a bien commencé, un jour, par apprendre le solfège ! Toute ambition, si haute soit-elle, est à notre portée si l'on se donne la peine d'y travailler avec constance et opiniâtreté.

Pensée du 140ᵉ matin
20 mai

Un moral de vainqueur

Après un échec, ne pas se décourager. Se répéter : « Ce n'est pas grave, je vais y arriver. » S'accrocher et persévérer. Si d'autres y sont parvenus, on le peut aussi. Entretenir la confiance en soi avec cette certitude. L'autopersuasion est fondamentale : pour espérer gagner, il faut se convaincre qu'on en a la possibilité.

Pensée du 141ᵉ matin
21 mai

Histoire...

Jean-Claude et Cédric sont convoqués à un entretien d'embauche. Quelque temps plus tard, un courrier adressé à leur domicile respectif les informe qu'ils ne sont pas retenus.

Déçu, Jean-Claude se laisse abattre et peste contre sa malchance. Son humeur devient exécrable. Sa réaction excessive déclenche une dispute avec sa femme. Il s'enferme dans sa rancœur. Évidemment, les lettres de motivation qu'il écrit par la suite s'en ressentent, et sa recherche d'emploi traîne en longueur.

Cédric a lui aussi été déçu de ne pas avoir obtenu le poste. Après un moment de découragement, il essaie d'en comprendre les raisons. Il passe en revue son entretien, identifie ses points faibles, réfléchit à la façon dont il pourra les améliorer... Bref, toute son énergie est centrée sur les leçons à tirer de cet échec. Peu à peu, il reprend confiance et renvoie des lettres plus toniques et plus dynamiques.

Est-il besoin de préciser lequel des deux a trouvé un emploi le premier ?

À chacun de nous de savoir déceler l'aspect positif d'un échec.

Pensée du 142ᵉ matin
22 mai

Résultat

Tôt ou tard, on est ce que l'on a fait.

Pensée du 143e matin
23 mai

Faute

Commettre une faute n'est pas grave. Ce qui l'est davantage, c'est de ne pas la corriger.

Pensée du 144ᵉ matin
24 mai

Causes et effets

Ne pas perdre de vue que les mêmes causes
produisent toujours les mêmes effets. Si nos
comportements ne changent pas, les résultats ne
changeront pas non plus.

Pensée du 145ᵉ matin
25 mai

Ce qui est difficile

Changer n'est pas difficile. C'est décider de changer qui l'est.

Pensée du 146ᵉ matin
26 mai

Ascension

Vouloir changer s'apparente à l'ascension d'une montagne. Les premiers sentiers escarpés paraissent les plus durs et les plus fatigants. Pourtant, au fil de la progression, on réalise que le chemin n'est pas aussi difficile qu'on le pensait. Dès que l'on prend un peu de hauteur, on découvre avec stupeur que ce n'est pas l'ascension qui était ardue, mais l'idée que l'on s'en faisait. Et, fort de cette découverte, qui est une victoire sur soi-même, on progresse de plus belle. Les perspectives offertes sont alors si grandes, les paysages si beaux, que l'on n'imagine plus revenir en arrière.

Pensée du 147ᵉ matin
27 mai

Un geste pour l'environnement

On se pique tous d'être sensibilisés aux questions d'environnement et de pollution. Pourtant, que faisons-nous de concret, au quotidien, pour contribuer à améliorer la situation ? Rien, ou peu de chose. Alors, plutôt que de nous nourrir de paroles et d'intentions, harmonisons nos gestes et nos pensées.

Ne pas laisser trop de lumières allumées dans la maison, respecter les limitations de vitesse, s'obliger une fois par semaine à ne pas prendre sa voiture, faire l'effort de trier ses ordures, ramasser un sac en plastique qui traîne dans la rue, acheter une lessive écologique ou des aliments issus de la culture biologique... Il y a tant à faire !

Tout cela paraît dérisoire. Mais l'effort de chacun peut contribuer à améliorer la vie de tous.

Pensée du 148ᵉ matin
28 mai

Apprécier ce qui est fait

Parfois, il est bon d'apprécier ce qui a été accompli, au lieu de se focaliser sur ce qui reste à faire.

Pensée du 149ᵉ matin
29 mai

Clé

Le bonheur consiste à se contenter de ce que l'on a et à oublier ce que l'on voudrait.

Pensée du 150e matin
30 mai

Ne pas appartenir à ses biens

Un jour ou l'autre, ce ne sont plus les biens qui nous appartiennent, mais nous qui leur appartenons.

Pensée du 151ᵉ matin
31 mai

Insouciance

Réapprendre l'insouciance et la légèreté, ces aptitudes au bonheur oubliées et qui rendent les enfants si heureux.

Pensée du 152ᵉ matin
1ᵉʳ juin

Promesse d'été

Se réchauffer, se ressourcer, se régénérer, avec les premiers rayons de soleil. Sentir une douce chaleur envahir son corps et se réjouir de cette promesse d'été.

Pensée du 153ᵉ matin
2 juin

Heureux ou malheureux ?

Nous sommes souvent beaucoup plus heureux
et beaucoup moins malheureux que nous l'ima-
ginons.

Pensée du 154ᵉ matin
3 juin

Heureux, maintenant.

Il ne tient qu'à nous de décider, là, maintenant,
tout de suite, d'être heureux et de prendre la vie
du bon côté.

Pensée du 155e matin
4 juin

Affirmer *sa différence*

Nul ne nous oblige à aimer ce que tout le monde aime, à nous conformer à ce que la majorité pense. Il faut au contraire affirmer en douceur sa différence. Il y a un espace pour chacun. Et une promesse de bonheur pour tout le monde.

Pensée du 156ᵉ matin
5 juin

Les idées originales

Se souvenir que les idées les plus originales, les plus farfelues, les plus controversées sont celles qui font avancer le monde.

Pensée du 157ᵉ matin
6 juin

« Non »

Apprendre à dire non, avec fermeté et douceur, sans se justifier et sans culpabilité, permet de recouvrer son libre arbitre, de conquérir une parcelle d'indépendance et de créer son propre espace de liberté.

Ainsi, un « non » à bon escient est une promesse de bonheur.

Pensée du 158ᵉ matin
7 juin

Alléger son emploi du temps

Ne pas surcharger son emploi du temps. Laisser des plages horaires vides, sans rendez-vous ou obligation. Profiter de ces espaces de liberté pour réfléchir, se relaxer, méditer, réaliser quelque chose pour soi, faire du sport... Pour être bien, tout simplement.

Pensée du 159ᵉ matin
8 juin

Gare aux excès

Se méfier de ses propres excès. Non seulement
on les regrette, mais ils nous abîment plus sûrement que n'importe quelle malveillance.

Pensée du 160e matin
9 juin

Colère

Dominer une colère est une belle victoire sur soi-même.

Pensée du 161ᵉ matin
10 juin

Maîtriser ses propos

Dans un conflit, une altercation, ne pas prononcer de mots qui dépassent sa pensée. Ils sont les plus difficiles à oublier... et à pardonner.

Pensée du 162ᵉ matin
11 juin

Le bon côté des choses

S'appliquer à voir, envers et contre tout – et tous –, le bon côté des choses. C'est là l'une des clés de la sagesse.

Pensée du 163ᵉ matin
12 juin

Lever du soleil

Ce matin, décider de se réveiller plus tôt et prendre le temps d'admirer le lever du soleil en silence.

C'est beau, non ?

Pensée du 164ᵉ matin
13 juin

Tranquillement

Les choses importantes et urgentes doivent être
accomplies tranquillement.

Pensée du 165ᵉ matin
14 juin

Se comporter comme en société

Devant des amis ou même des inconnus, chacun d'entre nous a tendance à donner une bonne
image de soi. On parle poliment, on écoute, on
sourit, on est aimable avec son conjoint, on évite
de s'énerver... Bref, on se montre sous son meilleur jour pour offrir un aspect valorisant de soi et
de ses proches. Pourquoi ne pas faire de même
dans l'intimité et sans témoin ? Notre vie quotidienne deviendrait plus paisible et plus heureuse.

Pensée du 166ᵉ matin
15 juin

La voix de la conscience

C'est dans la solitude et le silence que se fait entendre la voix de la conscience.

Pensée du 167ᵉ matin
16 juin

Écouter les autres

Les autres ont un potentiel, des idées, des réflexions qui peuvent être complémentaires aux nôtres. Ne jamais hésiter à demander l'avis de ceux qui nous entourent.

Pensée du 168e matin
17 juin

Réponse

Noter que les autres calquent souvent leur attitude sur la nôtre. Ainsi, l'agressivité engendre
l'agressivité. Le stress répond au stress. Une mesquinerie en appelle une autre... Faire l'expérience
de la douceur et de la gentillesse, et constater que
tout s'apaise comme par enchantement autour de
soi.

Pensée du 169ᵉ matin
18 juin

Ami

Ne pas considérer un inconnu comme un ennemi potentiel ou un intrus, mais comme un ami. L'accueillir et se comporter avec lui comme tel au lieu de lui être hostile de prime abord.

Pensée du 170e matin
19 juin

Ranger ses pensées

Comme on range un tiroir ou un placard, faire le tri dans ses pensées : éliminer les vieilles ou les mauvaises qui empêchent les nouvelles de s'épanouir, réduire mentalement celles qui prennent trop de place, exprimer celles qui sont refoulées... Se « vider mentalement », au bon sens du terme. Faire place neuve, peau neuve, et observer comme on se sent mieux.

Pensée du 171ᵉ matin
20 juin

Échelon

Chacun de nos actes, chacun de nos échecs, chacune des leçons de la vie, sont autant d'échelons qui nous permettent de progresser et d'aller plus haut.

Conte pour embellir l'été

Le paysan et le sage

Au siècle dernier, dans un village du fin fond de l'Asie, vivait un vieux sage. Les habitants avaient l'habitude de le consulter pour lui soumettre leurs problèmes, et d'écouter ses conseils avisés. C'était un homme aimé et respecté de tous.

Un jour, un paysan du village vint le voir, affolé. L'unique bœuf qu'il possédait pour l'aider à labourer son champ était mort dans la nuit. Éploré, il se lamentait sur ce qui lui semblait être la pire des catastrophes.

« Peut-être que oui... peut-être que non... », se contenta de dire le sage d'une voix douce.

Ne sachant que penser de cette réaction, le paysan s'en alla, perplexe. Quelques jours plus tard, il revint, fou de joie. Il avait capturé un jeune cheval sauvage et l'avait utilisé pour remplacer son bœuf et tirer la charrue. L'étalon fougueux facilitait les labours, tant il était vif.

Le paysan dit au sage :

« Tu avais bien raison. La mort de mon bœuf n'était pas la pire des catastrophes. Ce cheval est une bénédiction.

– Peut-être que oui... peut-être que non », répondit le penseur avec douceur et compassion.

En partant, le paysan se dit que décidément, le vieux sage était un homme curieux, puisqu'il n'était pas capable de se réjouir avec lui de sa bonne fortune.

Mais quelques jours plus tard, le fils du paysan se cassa la jambe en tombant du cheval et dut s'aliter pendant plusieurs jours.

L'homme retourna voir le sage pour pleurer sur cette nouvelle calamité. Son fils allait être immobilisé pour les moissons, et il craignait que sa famille meure de faim.

« Quel malheur ! répétait-il.

– Peut-être que oui... peut-être que non, opina tranquillement le sage.

– Décidément, tu ne sais dire que cela, s'énerva le paysan. Si c'est là tout le réconfort que tu me donnes, je ne viendrai plus te voir ! »

Et il sortit, tout à sa colère.

C'est alors qu'une terrible nouvelle se répandit dans le pays. La guerre venait d'éclater. Des troupes de soldats vinrent enrôler tous les jeunes hommes valides. Tous ceux du village furent contraints de partir vers une mort probable au combat. Tous, sauf le fils du paysan, toujours blessé.

Ce dernier retourna une nouvelle fois chez le sage.

« Pardonne-moi, implora-t-il. J'ai passé mon temps à me lamenter sur ce qui m'arrivait et à imaginer les pires catastrophes, alors que rien de tout cela ne s'est produit. Au lieu de rester calme, j'ai paniqué et je t'ai maudit. Je sais aujourd'hui qu'il est vain d'imaginer l'avenir, car on ne sait jamais ce que le futur nous réserve. Il faut garder espoir, tant il y a toujours de pires malheurs que le sien. Enfin... peut-être que oui... ou peut-être que non. »

Et le sage sourit, plein de bonté et d'indulgence.

Pensée du 172ᵉ matin
21 juin

Été

L'été est la saison du soleil, des longues journées, de la douceur de vivre, de l'amour. Tout est une fête. Il est interdit d'être triste aujourd'hui.

Pensée du 173ᵉ matin
22 juin

Léger, léger...

Imaginer que l'on est calme, léger, insouciant, tel un oiseau planant dans un ciel d'été.

Pensée du 174e matin
23 juin

Épanouissement

L'été, la nature est belle, luxuriante, colorée, à son apogée. Les fruits et les fleurs, gorgés de soleil, sont à maturité. C'est la période de l'épanouissement et des réalisations. L'été de notre vie doit aussi être celui des accomplissements et de la plénitude.

Pensée du 175ᵉ matin
24 juin

Cadeau

Aujourd'hui est un cadeau. C'est pourquoi on l'appelle le présent.

Pensée du 176e matin
25 juin

Futilités

Il faut savoir apprécier chaque instant de sa vie, si futile soit-il. Ainsi, le parfum d'un bol de café fumant sur la table, dans le silence du matin, est un début de bonheur.

Pensée du 177ᵉ matin
26 juin

Tout a un sens

Il n'y a pas de tâche ingrate ou de sale besogne, il n'y a que l'image que l'on s'en fait. Tout a un sens. Tout est utile. Ainsi, lorsqu'on prend conscience de l'intérêt de sa mission, on l'accomplit avec un enthousiasme nouveau.

Pensée du 178e matin
27 juin

Prendre possession de son corps

Le matin, s'étirer lentement en prenant conscience de chaque partie de son corps. La tête. La nuque. Les bras. Les mains. Les jambes. Jusqu'aux doigts de pied. Prendre possession de son corps, c'est d'une certaine manière réaliser que l'on est en vie, et s'imprégner du moment présent.

Pensée du 179ᵉ matin
28 juin

De l'art de se conditionner

Allongé sur son lit, les yeux au plafond, respirer lentement. Vider son esprit des petits tracas qui l'encombrent. Dire maintenant à haute voix : « je suis heureux », « j'ai de la chance d'être là où je suis ». Se conditionner ainsi pour le bonheur. Il est toujours à portée de main, malgré les imperfections de l'existence. Et se sentir déjà mieux.

Pensée du 180ᵉ matin
29 juin

Possession

Le présent est notre seule possession. Le passé
s'est enfui et le futur n'est que spéculation. Cesser
de regretter ou d'espérer, c'est maintenant que
cela se passe.

Pensée du 181e matin
30 juin

Implication

Observer les sportifs et leur implication totale dans le moment présent.

Pensée du 182ᵉ matin
1ᵉʳ juillet

Le bon moment

Parfois, on ne sait même plus pourquoi on
boude ou après quoi on est en colère. C'est qu'il
est temps de retrouver le sourire.

Pensée du 183ᵉ matin
2 juillet

Peur

N'avoir peur de rien, sinon de la peur.

Pensée du 184ᵉ matin
3 juillet

Embellissement

Il suffit parfois d'un mot pour embellir la journée d'une personne de notre entourage.

Pensée du 185e matin
4 juillet

Verbes d'amour

Comprendre, accepter, tolérer, écouter, changer, faire confiance, sourire, recommencer, expliquer, donner, pardonner... c'est aimer.

Pensée du 186ᵉ matin
5 juillet

Utile

Être utile à quelqu'un est déjà une magnifique raison de vivre.

Pensée du 187e matin
6 juillet

Générosité

Être capable de générosité est une preuve d'épanouissement intérieur. À l'inverse, la mesquinerie révèle la frustration.

Pensée du 188ᵉ matin
7 juillet

Un instant de bonheur

Apprécier le bonheur de l'instant, même si l'on
ignore de quoi demain sera fait.

Pensée du 189ᵉ matin
8 juillet

Refoulement

Un sentiment refoulé est une plaie, qui ne peut pas cicatriser tant qu'il n'a pas été exprimé.

Pensée du 190ᵉ matin
9 juillet

Chagrin

Malgré le chagrin, la tristesse, il y a toujours une leçon de sagesse à tirer de la perte d'un être cher.

Pensée du 191ᵉ matin
10 juillet

Temps perdu

Et si l'on passait moins de temps à se perdre, se gâcher, se mentir, s'abîmer ? Que de moments perdus à oublier d'être heureux !

Pensée du 192e matin
11 juillet

Imprimer le positif

Lorsqu'un événement négatif (ou du moins que nous percevons comme tel) vient contrarier nos projets, nous lui accordons une importance démesurée, nous nous focalisons sur lui jusqu'à perdre toute lucidité. Dommage que nous ne dépensions pas la même énergie à remercier la providence de tout ce qui nous arrive de positif. Mais non, seules les contrariétés retiennent notre attention, alors que les bonnes choses sont considérées comme normales et vite oubliées. Si nous avions la sagesse de faire le contraire, la vie nous paraîtrait plus douce et plus belle.

Pensée du 193ᵉ matin
12 juillet

Réalisation

Se fixer chaque jour un objectif, aussi petit soit-il (réparer un objet dans la maison, passer un coup de fil à un ami, régler une corvée administrative...), et s'y tenir. Rien n'est meilleur pour la sérénité de l'esprit que la sensation d'avoir réalisé une mission, même si celle-ci est en apparence insignifiante.

Pensée du 194ᵉ matin
13 juillet

Penser à soi

Chaque jour, accomplir un acte pour soi, rien que pour soi.

Pensée du 195ᵉ matin
14 juillet

Vouloir changer

Quelques changements minimes de notre comportement peuvent améliorer notre existence et
nous rendre plus heureux.

Pensée du 196e matin
15 juillet

Intensifier un effort

Prolonger un effort, accroître sa capacité de travail, intensifier une préparation physique ou morale... c'est se donner chaque jour davantage les moyens de ses ambitions et une chance supplémentaire d'atteindre ses objectifs. La persévérance concrétise la détermination et permet de se prouver à soi-même que l'on peut aller plus loin. Encore plus loin...

Pensée du 197e matin
16 juillet

État d'esprit

Quand on passe son temps à geindre ou à se plaindre, il ne faut pas s'étonner ensuite d'être seul ou de ne pas avoir progressé. Changer d'état d'esprit et l'environnement changera.

Pensée du 198e matin
17 juillet

Progression

Avoir le sentiment de progresser chaque jour rend plus heureux et plus calme.

Pensée du 199ᵉ matin
18 juillet

Renoncement

Il est bon de persévérer. Mais c'est une preuve de sagesse, parfois, de savoir renoncer. Cela ne signifie pas que l'on abandonne ses objectifs, mais que l'on se donne une meilleure chance de les atteindre en s'y prenant différemment. Et après une pause, nécessaire à toute réflexion, repartir dans une autre direction.

Pensée du 200ᵉ matin
19 juillet

Agenda

Inscrire dans son agenda, entre ses rendez-vous ou ses obligations : « temps pour réfléchir », « 1/2 heure pour moi », « moment pour rêver ».

Pensée du 201e matin
20 juillet

Temps libre

La façon dont on occupe son temps libre en dit beaucoup sur la détermination de chacun à réussir sa vie. Même lorsqu'on se détend, il est possible d'agir sur le cours de son existence. Par exemple, lire au lieu de rester avachi des heures devant la télévision, faire du sport si l'on veut maigrir ou se muscler, se balader en famille et ainsi se rapprocher de ses enfants, aller visiter des musées ou des sites naturels pour se cultiver... Les loisirs doivent eux aussi répondre à une ambition. Temps libre n'est pas synonyme de perte de temps.

Pensée du 202e matin
21 juillet

Proposer une solution

Pour s'imposer et prendre l'ascendant sur les autres, il faut être maître de ses émotions, savoir organiser, dépassionner, et surtout proposer le premier une solution acceptable par tous.

Pensée du 203ᵉ matin
22 juillet

Leader

Un leader charismatique est quelqu'un qui parvient à obtenir des autres ce qu'ils n'avaient pas envie de faire, sans les y avoir contraints.

Pensée du 204ᵉ matin
23 juillet

Calme dans la tempête

Même dans une situation de conflit extrême, on gagne toujours à rester calme.

Pensée du 205ᵉ matin
24 juillet

Respiration, méditation

Apprendre à méditer. S'installer de préférence dans un lieu calme. S'asseoir bien droit (sur une chaise ou au sol). Poser les mains sur ses cuisses, redresser le dos et la tête. Inspirer, expirer en fermant les yeux. Prendre conscience de sa respiration et du mouvement de son corps. Rester ainsi cinq ou dix minutes à méditer. Davantage, si possible. Et ces instants privilégiés apporteront mille bienfaits.

Pensée du 206e matin
25 juillet

En retrait

Lors d'une discussion animée ou d'un conflit, mieux vaut rester en retrait plutôt que de s'énerver et de polémiquer. On peut regretter une colère passagère, mais rarement une maîtrise de soi.

Pensée du 207ᵉ matin
26 juillet

Se contenter de peu

Si l'on sait se contenter de peu, on est calme. Si l'on veut toujours plus, on est stressé et agité.

Pensée du 208e matin
27 juillet

Vivant

S'étonner, s'enthousiasmer, se passionner, s'intéresser, se laisser surprendre ou séduire, savoir s'amuser, rire, jouer, c'est être vivant et bien ancré dans la réalité.

Pensée du 209e matin
28 juillet

Être aimé est une chance

Être aimé est un cadeau formidable. Il faut en jouir et prendre conscience de sa chance.

Pensée du 210e matin
29 juillet

Ouvrir ses volets

En été, ouvrir ses volets le matin pour accueillir un nouveau jour et la lumière à bras ouverts est un geste positif et plein de promesses.

Pensée du 211e matin
30 juillet

La gaieté est la liberté

Les gens gais sont de grands sages. Ils ne laissent pas les événements extérieurs avoir de prise sur eux. Ils sont libres.

Pensée du 212ᵉ matin
31 juillet

Apprécier le bonheur quand il est là

La dureté de certaines épreuves nous rappelle que le bonheur a un prix, et qu'il faut sans cesse le goûter et l'apprécier.

Pensée du 213ᵉ matin
1ᵉʳ août

Rire

Le rire franc et spontané est un signe de relâchement de l'esprit.

Pensée du 214ᵉ matin
2 août

Maîtriser ses émotions

Lorsqu'on maîtrise ses émotions, on marque un point important sur soi et sur les autres.

Pensée du 215e matin
3 août

Mimétisme

C'est fou comme les personnes calmes et
sereines donnent aux autres envie de leur ressem-
bler !

Pensée du 216ᵉ matin
4 août

Grandir

Il faut grandir et se grandir, pour se hisser au-dessus des bassesses.

Pensée du 217ᵉ matin
5 août

Rincer son esprit

Rincer et laver mentalement son esprit à grande eau, comme on lave sa chemise. Et se sentir frais et léger.

Pensée du 218e matin
6 août

Sans regret

Quand on a fait tout ce que l'on pouvait pour obtenir ou réaliser quelque chose et que l'on échoue, il n'y a rien à regretter. C'est qu'il devait en être ainsi.

Pensée du 219ᵉ matin
7 août

Admirer le paysage

Comparer le but que l'on souhaite atteindre au pic d'une montagne, et sa vie à un sentier escarpé. Pour accéder au sommet, on a le choix entre gravir le chemin tête baissée, tendu seulement vers son objectif, sans rien voir de ce qui nous entoure. Ou bien avancer en appréciant le paysage alentour, quitte à ralentir parfois ou à bifurquer, sans pour autant renoncer à atteindre la cime. Dans le premier cas, on se refuse des moments de bonheur en pensant que l'on appréciera le paysage lorsqu'on sera en haut. Dans le second cas, on s'accorde du temps pour être heureux, en acceptant les plaisirs et le spectacle de l'ascension. Si, pour une raison ou pour une autre, le sommet n'est pas atteint, certains auront tout raté et d'autres auront vu un beau paysage.

La pensée zen nous rappelle ainsi que le bonheur n'est pas au bout du chemin, mais que c'est le chemin qui est bonheur.

Pensée du 220ᵉ matin
8 août

Que faisons-nous pour les autres ?

On attend généralement beaucoup des autres, mais on se pose moins souvent la question de savoir ce que l'on peut faire pour eux. Sommes-nous aussi généreux que nous pensons l'être ? Savons-nous rendre service à un ami, ou même à quelqu'un que l'on ne connaît pas ? Laissons-nous notre place à une personne âgée dans le bus ou le métro ? Saurions-nous prêter un peu d'argent à un proche dans le besoin ? Prendre conscience des progrès qu'il nous reste à accomplir. L'altruisme fonctionne comme un muscle : il faut le travailler au quotidien.

Pensée du 221ᵉ matin
9 août

Demander aux autres de nous juger

Faire un exercice difficile mais instructif : demander à une personne de confiance de citer deux de nos principaux défauts. Accepter, sans chercher à se justifier ou à se défendre. S'engager seulement à essayer de s'améliorer.

Pensée du 222ᵉ matin
10 août

S'améliorer

Se poser la question de ce que l'on peut faire, là, maintenant, pour s'améliorer. On ne fait jamais le ménage ? Passer un coup de balai. On fume trop ? Éteindre sa cigarette. On a tendance à s'énerver ? S'efforcer de rester calme. Ce n'est pas grand-chose, mais c'est un début.

Pensée du 223ᵉ matin
11 août

Éveil

Ne pas regretter d'avoir perdu du temps, d'avoir été lent ou moins rapide que d'autres. Chacun comprend ou prend conscience à son rythme. La vérité – sa vérité – est un cheminement. Elle émerge progressivement. L'important n'est pas d'avoir mis le temps, mais de l'avoir trouvée.

Pensée du 224ᵉ matin
12 août

Reconnaître que l'on ne sait pas

Avouer que l'on ne sait pas est parfois d'un grand soulagement, au lieu de faire croire – et de se convaincre – que l'on peut y arriver.

Pensée du 225e matin
13 août

Accepter les défauts des autres

Accepter les défauts de l'autre, c'est prendre une option pour une vie à deux plus paisible et plus heureuse.

Pensée du 226e matin
14 août

Maître de son destin

Personne ne peut décider d'être heureux à notre place.

Pensée du 227ᵉ matin
15 août

Déclaration

Faire un effort quotidien pour celui ou celle qu'on aime est comme une déclaration d'amour sans cesse renouvelée.

Pensée du 228e matin
16 août

Des mots d'amour sur des Post-It

Écrire des petits mots sur des Post-It et les poser de-ci, de-là dans la maison à l'attention de celui ou celle que l'on aime. Un « je t'aime » collé sur la porte du réfrigérateur, un « je te souhaite une belle journée » près du lieu où il (elle) pose ses clés, un « cœur » collé sur le miroir de la salle de bains. Agrémenter ainsi la vie de douceurs qui renforcent l'amour.

Pensée du 229ᵉ matin
17 août

Harmonie

En toute circonstance, s'efforcer de rechercher
l'harmonie et la simplicité.

Pensée du 230ᵉ matin
18 août

Vivre dans un espace rangé

Le désordre matériel engendre la confusion morale. S'efforcer de vivre dans un espace ordonné, pour éviter de troubler son esprit avec le spectacle du chaos autour de soi.

Pensée du 231ᵉ matin
19 août

Oser

Oser, prendre des risques, être audacieux, réaliser ses rêves... Qu'avons-nous à perdre ?

Pensée du 232ᵉ matin
20 août

Éloge de la lenteur

Profiter de l'été pour vivre lentement. Très lentement. Et apprécier chaque instant, pour en faire
un moment d'éternité.

Pensée du 233e matin
21 août

Rencontrer ses voisins

Profiter des beaux jours pour poser une affi-
chette en bas de son immeuble et convier tous ses
voisins à boire un verre, sans autre motif que le
plaisir de faire connaissance. Créer ainsi un espace
d'amitié et de bienveillance autour de soi.

Pensée du 234ᵉ matin
22 août

Insouciance

Savoir s'amuser d'un rien, et jouir de ces moments d'insouciance qui nous ramènent si près de l'enfance.

Pensée du 235e matin
23 août

Vivre sans regret

Lorsqu'on fait les choses à temps, on s'offre une chance de vivre sans regret.

Pensée du 236ᵉ matin
24 août

De l'amitié

Par amitié, prévenance ou attention aux autres, il est parfois utile de se mêler de ce qui ne nous regarde pas. Indiscrétion vaut mieux qu'indifférence.

Pensée du 237ᵉ matin
25 août

Fissure

Prendre garde aux signaux d'alerte. Parfois, une seule minuscule fissure suffit à faire couler un bateau.

Pensée du 238ᵉ matin
26 août

Préserver la personne que l'on aime

Si l'on s'amuse à défoncer ou à tordre une chaise, elle ne nous sera d'aucune utilité lorsque, fatigué, on voudra s'asseoir dessus. Pour les mêmes raisons, il faut être doux, gentil, aimable, avec la personne que l'on aime, et qui nous aime. Car il ne faut pas maltraiter ceux sur qui l'on s'appuie.

Pensée du 239e matin
27 août

Valses d'amour encore...

Partager, regarder, offrir, ouvrir, échanger, recevoir, oublier, tolérer, apaiser, rassurer, consoler, pleurer, rire, chanter, s'amuser, danser... c'est encore aimer.

Pensée du 240ᵉ matin
28 août

Promesses

Il est important de tenir ses promesses. Un
« oui » jamais tenu fait bien plus de dégâts que
mille « non ».

Pensée du 241ᵉ matin
29 août

Heureux ?

Le bonheur est fragile, volage, fugace, niché dans de si petites choses... Il faut ouvrir les yeux et être attentif, pour ne pas prendre conscience après coup que l'on était heureux.

Pensée du 242e matin
30 août

Vacances

Visualiser les moments les plus réussis des dernières vacances et se charger de l'énergie positive de ces images de bonheur et de détente.

Pensée du 243ᵉ matin
31 août

Santé

Si l'on est en bonne santé, alors on est très heureux. Que demander de plus ?

Pensée du 244ᵉ matin
1ᵉʳ septembre

Lâcher prise

Avant de s'énerver contre quelqu'un ou un événement, se poser la question : cela en vaut-il la
peine ? Apprendre ainsi à lâcher prise.

Pensée du 245e matin
2 septembre

Valeur

Bien souvent, ce n'est pas l'incapacité qui est à l'origine d'un échec, mais le manque de confiance en soi.

Pensée du 246e matin
3 septembre

Organiser son temps libre

Nous courons tous après le temps et nous nous plaignons tous d'en manquer. Qui n'a jamais dit : « si j'avais une demi-heure de libre, je ferais un peu de gym tous les jours », « je bosse trop et je ne me consacre pas assez à mes enfants », ou encore « je n'ai pas une minute à moi pour lire, alors que j'adore ça » ? Or, tout le monde peut s'octroyer des moments pour se consacrer à ce qui lui tient à cœur. Le manque de temps est souvent la conséquence d'un défaut d'organisation ou d'une mauvaise utilisation de nos loisirs. On voudrait faire de la gym ? Que fait-on devant la télévision ? On souhaite s'occuper davantage de ses enfants ? Pourquoi s'attarder au bureau alors que l'on n'a plus grand-chose à y faire ? S'interroger sur la façon dont on gaspille son temps libre est souvent riche d'enseignement sur nous-mêmes.

Pensée du 247e matin
4 septembre

Adoucir la souffrance

Lorsqu'on souffre ou que l'on est affecté par une grande douleur, il faut penser à se mettre du baume au cœur en s'octroyant un petit plaisir.

Pensée du 248ᵉ matin
5 septembre

Pansements de l'âme

Ne pas hésiter à réconforter une personne dans la souffrance, même si cela paraît dérisoire ou inutile. Les paroles réchauffent le cœur et les mots sont les pansements de l'âme.

Pensée du 249ᵉ matin
6 septembre

Endurer les épreuves

Ne pas sous-estimer notre capacité à endurer et à surmonter les épreuves. On en sort grandi et plus fort. Les grands chênes aussi ont connu des tempêtes.

Pensée du 250ᵉ matin
7 septembre

Ne pas rester en conflit

Ne pas rester longtemps en conflit ou sur un malentendu avec un proche. Si le pire venait à arriver sans que l'on ait eu le loisir de se réconcilier, le chagrin serait d'autant plus grand et difficile à surmonter.

Pensée du 251e matin
8 septembre

La meilleure réponse à apporter aux événements négatifs de l'existence est de rester heureux et de bien vivre, envers et contre tout.

Pensée du 252ᵉ matin
9 septembre

Quand il est trop tard

Combien de couples réalisent tardivement qu'ils ne se sont pas dit l'essentiel, ne se sont pas écoutés ou pas compris, et que ce manque de communication a généré des malentendus irréparables ? Quand on se retrouve au bord du divorce, il est souvent trop tard pour promettre que l'on va changer et faire des efforts. C'était avant qu'il fallait y penser.

Pensée du 253ᵉ matin
10 septembre

Le retour de la lumière

Garder confiance. Toujours. Même dans les épreuves les plus difficiles. « La nuit la plus sombre a toujours une fin lumineuse », rappelle un poème persan.

Pensée du 254e matin
11 septembre

Douceur

Quand on a connu le malheur, le bonheur retrouve sa vraie saveur : une indicible douceur.

Pensée du 255e matin
12 septembre

Se contenter de peu

Les gens paisibles et heureux sont ceux qui savent se contenter de peu et apprécier à sa juste valeur ce qu'ils ont.

Pensée du 256ᵉ matin
13 septembre

Accepter de changer

Accepter de changer est la plus grande preuve
d'intelligence.

Pensée du 257e matin
14 septembre

Sensé

Cesser d'agresser qui nous agresse, de crier aussi fort que celui qui crie, de doubler celui qui double... Dans un conflit, celui qui accepte de céder n'est pas le plus faible. C'est le plus sensé.

Pensée du 258ᵉ matin
15 septembre

Calme

Savoir rester calme lors de situations de stress mineures permet de mieux gérer des problèmes plus importants lorsqu'ils se présentent.

Pensée du 259ᵉ matin
16 septembre

Bâtisseur

S'il n'y a pas de bâtisseur, il n'y a pas de maison.
Ainsi, derrière toute réussite, il y a une volonté.

Pensée du 260ᵉ matin
17 septembre

Zapper

Tout le monde a échoué au moins une fois dans sa vie. La différence c'est que certains n'en font pas « tout un plat ».

Pensée du 261e matin
18 septembre

Construire son avenir

Pourquoi s'en remettre à des cartomanciennes, des voyantes ou des astrologues pour savoir ce que l'avenir nous réserve ? La façon la plus sûre de prédire l'avenir est de le construire jour après jour, selon l'image que l'on se fait de lui.

Pensée du 262ᵉ matin
19 septembre

Réfléchir

Il ne suffit pas d'agir, il faut savoir aussi se poser, réfléchir, faire le bilan et tirer les leçons de nos actes.

Pensée du 263ᵉ matin
20 septembre

En nous

Tout est possible, car tout est en nous.

Conte pour faire sourire l'automne

Deux hommes dans la tempête

Un matin d'automne, un pêcheur et son fils s'en vont en mer relever leurs filets. Le temps est calme, mais à mesure que passe la matinée, un vent fort se lève, obligeant les deux hommes à rentrer au port. Dans le tumulte des flots, le moteur tombe en panne, les contraignant à sortir les rames pour tenter d'avancer. Le bateau progresse tant bien que mal. Face aux vagues déchaînées, le fils s'inquiète, mais le père reste calme et silencieux. Un peu plus tard, le fils s'agite à nouveau :

« Père, le vent se renforce ! Nos rames ne servent pas à grand-chose.

– ... »

Soudain, le jeune homme avise une barque au loin.

« Père, on dirait que cette barque arrive vers nous. »

Le père regarde l'horizon et demeure silencieux, continuant à ramer.

Dans les flots tourmentés, l'embarcation se rapproche encore.

« Père, hurle le fils, je crois que ce rafiot va nous heurter. Il arrive droit sur nous !

— ...

— Père, cette fois la barque va nous éperonner. On dirait que celui qui tient le gouvernail veut nous faire couler. Il fait mine de ne pas regarder dans notre direction. »

Puis, se dressant sur son bateau, le jeune homme fait de grands gestes.

« Le marin est tranquillement allongé dans sa barque ! Son inconscience va nous tuer. Assassin ! Criminel ! hurle-t-il.

— ... »

Les deux embarcations se rapprochent mais, juste avant l'impact, le père fait une adroite manœuvre et évite la collision. Les deux rafiots indemnes poursuivent leur route.

« As-tu remarqué ce qu'il y avait dans la barque ? demanda le père à son fils.

— Oui, répondit celui-ci. Ce que je prenais pour un homme endormi n'était qu'un sac abandonné au fond du bateau.

— Dis-moi, mon fils, contre *qui* t'es-tu emporté ? »

Pensée du 264e matin
21 septembre

Évolution

Observer la nature. Tout est en constante évolution. Ce qui était là hier ne l'est plus aujour-
d'hui. L'eau de la rivière s'écoule, l'herbe pousse,
l'arbre perd ses feuilles... tout n'est qu'évolution
et éternel recommencement. Et nous ? Savons-
nous évoluer et nous régénérer chaque jour ?

Pensée du 265ᵉ matin
22 septembre

Matin d'automne

« Les sanglots longs des violons de l'automne... »
ne contribuent qu'à rendre notre vie monotone...
et triste. Rien ne sert de se lamenter. Ce matin
d'automne, même s'il est gris et pluvieux, est un
nouveau jour.

Pensée du 266e matin
23 septembre

Merci

À chaque fois qu'un rayon de soleil perce à travers la grisaille d'une journée d'automne, regarder le ciel et dire merci.

Pensée du 267ᵉ matin
24 septembre

Le bonheur

Le bonheur n'est pas un idéal de vie difficile à atteindre. À y regarder de plus près, ce n'est en fait qu'une succession de petites joies renouvelées. Ce peut être une grande respiration et la sensation du bien-être qui s'ensuit, un moment de solitude le matin, l'attendrissement devant un bébé qui dort, ou même la volupté d'un grand esquimau à la fraise que l'on savoure pour retrouver ses plaisirs d'enfant.

Pensée du 268ᵉ matin
25 septembre

Accepter les choses comme elles sont

La recherche de la perfection est une quête épuisante, stressante. Accepter de lâcher prise. Les choses ne vont pas si mal, et souvent bien mieux qu'on ne le pense.

Pensée du 269ᵉ matin
26 septembre

Humilité

C'est une grande leçon d'humilité que de constater qu'en notre absence, les gens ont su se passer de nous et faire aussi bien.

Pensée du 270e matin
27 septembre

Le pouvoir de choisir

Chacun d'entre nous porte en lui le pouvoir de choisir, de décider, de refuser, de changer.

Pensée du 271e matin
28 septembre

Relativiser ses soucis

Quand dans une journée, rien ne va comme on le souhaite, faire la part des choses et se dire que si l'on est en bonne santé, entouré par une famille ou des amis chers, tout ne va pas si mal.

Pensée du 272e matin
29 septembre

Une vie plus simple

Le bonheur consiste à se simplifier la vie. Cela passe par une bonne perception des priorités. C'est une vraie sagesse que de savoir distinguer ce qui est important de ce qui ne l'est pas.

Pensée du 273e matin
30 septembre

Savoir se relaxer

Pour trouver le calme, il faut savoir se relaxer plusieurs minutes par jour, et s'obliger à cette douce contrainte.

Pensée du 274ᵉ matin
1ᵉʳ octobre

Réponse

Ne pas se préoccuper de ce qui arrivera demain. Mais s'interroger davantage sur ce que sera notre attitude face à l'imprévu ou à l'adversité. Car ce qui est important n'est pas ce qui arrive, mais la réponse que nous apportons aux événements.

Pensée du 275ᵉ matin
2 octobre

Les couleurs de l'automne

L'automne est la saison des changements de couleurs. Observer le spectacle de la nature au lieu de se lamenter sur la fin de l'été et sur les journées qui raccourcissent. Aller marcher en forêt ou dans un parc, ramasser les feuilles mortes, s'amuser à identifier les arbres, accrocher aux branches des filets de nourriture pour les oiseaux ou les écureuils. Chaque saison a ses charmes. À nous de les apprécier.

Pensée du 276ᵉ matin
3 octobre

La rigueur aux enfants

Apprendre aux enfants la rigueur et la discipline, c'est les préparer de bonne heure aux efforts de leur vie future. Ne pas hésiter à les récompenser lorsqu'ils sont allés au bout d'une mission. Ils prennent ainsi conscience que tout travail accompli apporte tôt ou tard une satisfaction.

Pensée du 277ᵉ matin
4 octobre

Loin du désordre

Éviter de vivre dans le fatras et la confusion. Un bureau mal rangé n'incite pas au travail. On y cherche ses dossiers, on ne comprend plus les messages griffonnés à la va-vite sur des bouts de papier... On perd du temps, on s'énerve, car l'on se sent mal dans son environnement. Sait-on que dans notre inconscient, un objet qui n'est pas à sa place provoque un stress ? Plus une pièce est en désordre, plus ceux qui s'y trouvent sont irritables. Mettre de l'ordre dans son espace vital. Ranger les objets, c'est ranger sa tête. On en ressent immédiatement les bienfaits.

Pensée du 278e matin
5 octobre

Espace vide

Prendre conscience de la paix et de la sérénité
que dégage un espace vide ou une maison aérée.

Pensée du 279e matin
6 octobre

Seuls les actes « parlent »

Se méfier des beaux parleurs qui nous noient de promesses. S'en tenir aux actes.

Pensée du 280e matin
7 octobre

Écouter

En laissant s'exprimer autrui et en sachant l'écouter, on s'en fait un ami.

Pensée du 281ᵉ matin
8 octobre

Accepter la différence

Un enfant qui échoue à l'école n'est pas forcément paresseux ou stupide. Il est différent. Lui chercher une voie d'épanouissement parallèle qui lui permettra de développer ses dons.

Pensée du 282ᵉ matin
9 octobre

La sagesse des enfants

Les enfants sont de grands sages : ils savent s'émerveiller, s'amuser, rire, se concentrer sur le moment présent, dormir quand ils sont fatigués. Ils sont simples et sans préjugés. Nous avons beaucoup à apprendre d'eux.

Pensée du 283ᵉ matin
10 octobre

Maîtrise

La maîtrise de soi est un art difficile. Mais c'est
la clé qui permet d'ouvrir la porte de la sérénité.

Pensée du 284ᵉ matin
11 octobre

Le pire est toujours possible

Apprécier sa vie au jour le jour, aimer et choyer ceux qui nous sont chers, profiter de ses parents, partager des moments de joie et de bonheur, agir et dire sans tarder... Garder dans un coin de sa tête que le pire est toujours possible et que c'est aujourd'hui qu'il faut être heureux.

Pensée du 285ᵉ matin
12 octobre

La fin n'est pas la fin

Chercher bien. Chaque problème porte en lui sa solution : dans chaque drame il y a une lueur d'espoir ; la prison la plus sombre laisse passer un rayon de soleil ; chaque échec est porteur d'une réussite...

Et chaque fin est ainsi un recommencement.

Pensée du 286e matin
13 octobre

Lenteur

Dans l'urgence, on a tendance à perdre de vue l'essentiel. D'où la nécessité de ralentir le rythme et de ré-apprécier les vertus de la lenteur.

Pensée du 287ᵉ matin
14 octobre

Hors du monde, parfois

La solitude est une prise de conscience. C'est accepter de rechercher la vérité en soi. Il faut s'avoir s'aménager des moments d'intimité avec soi-même, même si l'isolement est une expérience difficile. Ceux qui ne le font pas se fuient eux-mêmes.

Pensée du 288ᵉ matin
15 octobre

Chercher la solution en soi

Prendre conscience que tout problème de notre vie n'est pas extérieur à nous, mais est en nous. C'est donc en nous-même que nous devons chercher la solution.

Pensée du 289e matin
16 octobre

Même les petits gestes ont leur importance

Se souvenir que c'est dans les petites choses que l'on reconnaît la valeur d'un homme. Ainsi même un acte en apparence sans importance en dit long sur nous-même.

Pensée du 290e matin
17 octobre

Maîtrise

Celui qui sait rester calme et maître de lui en toutes circonstances est généralement admiré par tous les autres.

Pensée du 291e matin
18 octobre

Ce n'est pas grave

Accepter que les choses ne soient jamais tout à fait comme on le voudrait. Et se dire que ce n'est pas très grave.

Pensée du 292e matin
19 octobre

Une chose après l'autre

Cessons de faire plusieurs choses à la fois. Dans nos sociétés fondées sur la conquête, la vitesse et la réussite, tout nous pousse à accumuler les occupations pour gagner du temps : on téléphone en faisant la cuisine et en contrôlant les devoirs du petit dernier. On discute avec un ami en regardant la télévision, un magazine à la main... Nous sommes absents de ce que nous faisons. On agit machinalement sans s'imprégner ni apprécier ce que l'on fait. Sait-on seulement ce que l'on vient de dire ou de faire ? Où est le plaisir de la discussion avec un ami, si l'on jette en même temps un œil sur le journal télévisé ? Réapprendre à accomplir un acte après l'autre permet de mieux s'y

319

impliquer et d'en apprécier la portée. On renoue ainsi avec une certaine qualité de vie et on retrouve le plaisir de s'impliquer dans ce que l'on fait.

Pensée du 293e matin
20 octobre

De la couleur

Porter de la couleur pour opposer une résistance à la grisaille et afficher ainsi résolument un esprit positif.

Pensée du 294ᵉ matin
21 octobre

Pulsions

Apprendre à maîtriser ses pulsions et ses excès
est un début de sagesse.

Pensée du 295ᵉ matin
22 octobre

Se prendre en main

Ne jamais laisser les autres agir à notre place ou décider de ce qui est bon pour nous. Nul ne peut vivre notre vie à notre place.

Pensée du 296e matin
23 octobre

Se dominer

Dominer ses pulsions, ne plus réagir sous le coup de l'émotion, maîtriser ses colères... Chaque victoire sur soi-même est beaucoup plus importante qu'un succès professionnel ou que n'importe quelle conquête personnelle.

Pensée du 297ᵉ matin
24 octobre

Le joug des objets

Éviter de vivre sous le joug des objets. S'obliger à se délester des souvenirs ou des bibelots encombrants, y compris ceux que l'on garde pour des raisons sentimentales. Et constater que l'on se sent plus léger et plus libre.

Pensée du 298ᵉ matin
25 octobre

Sans rancœur

Dès aujourd'hui, éloigner de soi toute rancœur
et tout désir de vengeance. Encombrer son esprit
de pensées négatives nuit d'abord à soi-même.
Cela altère notre jugement, épuise notre énergie
vitale et nous fait perdre de vue l'essentiel. Et
qu'est-ce que l'essentiel ? La recherche du bonheur en toute circonstance.

Pensée du 299e matin
26 octobre

Actions

Se souvenir que les actions parlent davantage
que les mots.

Pensée du 300e matin
27 octobre

Un geste pour l'autre

On est riche de ce que l'on donne. Aussi convient-il de donner chaque jour ne serait-ce qu'un regard à autrui. Mais aussi de l'écoute et du temps...

Pensée du 301ᵉ matin
28 octobre

Donner encore...

Il faut savoir donner sans regret, sans rien attendre en retour : de l'attention, un présent, un coup de fil, de l'amour... Lorsqu'on le fait sincèrement et sans arrière-pensée, sans autre préoccupation que de faire plaisir, on ressent une immense plénitude.

Pensée du 302ᵉ matin
29 octobre

Avec les autres

Si l'on ne fait pas l'effort de bien traiter sa famille et ses proches, on ne traitera bien personne.

Pensée du 303ᵉ matin
30 octobre

Miroirs

Nous sommes souvent les premiers responsables de l'attitude qu'adoptent les autres à notre
égard. Changeons et ils changeront aussi. Les rapports humains fonctionnent comme des miroirs.

Pensée du 304ᵉ matin
31 octobre

Indulgence

Être aussi indulgent avec les autres qu'on l'est avec soi-même.

Pensée du 305ᵉ matin
1ᵉʳ novembre

Peu mais bien

Cesser de vouloir tout faire et tout réussir.
Mieux vaut réaliser moins de choses, mais les faire
bien.

Pensée du 306ᵉ matin
2 novembre

Modérer ses attentes

Il faut modérer ses attentes. Plus on espère, plus on s'expose à la frustration et à la déception.

Pensée du 307ᵉ matin
3 novembre

Partager ce qu'on a sur le cœur

Ne pas garder le poids d'un chagrin pour soi.
Le partager, pour soulager sa souffrance, avec une
personne attentive et bienveillante.

Pensée du 308ᵉ matin
4 novembre

De l'aide

Avoir l'humilité et le courage de demander de
l'aide à ceux qui savent entendre.

Pensée du 309ᵉ matin
5 novembre

Écouter ses proches

Écouter les conseils et les avis de ses proches.
Leur regard sur nous est souvent plus juste qu'on
ne le croit.

Pensée du 310ᵉ matin
6 novembre

Jugements

Quand une personne exprime un jugement sur nous qui nous paraît injuste ou erroné, elle peut se tromper. Si deux personnes expriment le même jugement, peut-être est-ce nous qui nous trompons.

Pensée du 311e matin
7 novembre

Loin des détails

La qualité de vie dépend de notre capacité à savoir lâcher prise, à ne pas nous focaliser sur les détails. Distance est mère de sérénité.

Pensée du 312ᵉ matin
8 novembre

Sourire

Les Chinois ont coutume de dire que sourire trois fois par jour rend inutile tout médicament. Pourquoi ne pas essayer ?

Pensée du 313ᵉ matin
9 novembre

Maîtriser ses nerfs au volant

La voiture est curieusement l'un des endroits où l'être humain a tendance à renouer avec ses instincts les plus primaires. L'homme le plus civilisé peut ainsi se muer en monstre lorsqu'il est au volant. Excès de vitesse, jurons, slalom d'une file à l'autre, insultes, coups de Klaxon intempestifs... Il devient agresseur, et en retour est agressé. Noter le point d'honneur que certains mettent à repasser devant un automobiliste qui vient de les doubler ! Notre comportement au volant en dit long sur nous-même. Plutôt que de tempêter sur le véhicule qui se rabat un peu sèchement, céder le passage de bonne grâce. Laisser traverser un piéton même s'il n'est pas sur les clous. N'avons-nous jamais été à sa place ? Si l'on réapprenait au volant des gestes de civilité élémentaires, tout le monde serait plus détendu. Est-on sûr d'être parfait en toute circonstance, pour pouvoir maudire la moindre erreur des autres ?

Pensée du 314ᵉ matin
10 novembre

Bêtises

Au volant, se souvenir que c'est souvent la bêtise qui est à l'origine des accidents les plus dramatiques.

Pensée du 315e matin
11 novembre

Éviter la honte

Agir de façon à n'avoir jamais honte de ce que l'on a fait.

Pensée du 316ᵉ matin
12 novembre

Gentillesse

Noter comme une parole gentille et sincère réchauffe le cœur et réconforte longtemps.

Pensée du 317ᵉ matin
13 novembre

Rendre service

Lorsqu'on aide quelqu'un, on se nourrit soi-
même d'une force positive. Et l'on a envie de
recommencer.

Pensée du 318e matin
14 novembre

Indulgence

Cessons d'exiger toujours plus de nos proches.
Ménageons-les et soyons indulgents avec eux.

Pensée du 319ᵉ matin
15 novembre

Respect

Le véritable amour ne va pas sans respect de
l'autre. Il faut être fier de celui ou celle que l'on
aime.

Pensée du 320e matin
16 novembre

Tendre la main

Dans un conflit, accepter de tendre la main le premier pour œuvrer à sa résolution.

Pensée du 321ᵉ matin
17 novembre

Et si on arrêtait ?

Faire la paix après une dispute. Accepter de baisser la garde, refuser de chercher qui a tort ou raison, cesser de surenchérir dans les reproches... Savoir dire : « on arrête, maintenant ? », et sourire. Tel sera le meilleur moyen de désarmer l'autre.

Pensée du 322e matin
18 novembre

Réponse

Souvent, les événements extérieurs sont une réponse à notre état d'esprit intérieur.

Pensée du 323ᵉ matin
19 novembre

Échanger

Tous les jours, d'autres nous tendent la main et nous offrent des possibilités que nous ne voyons pas. Nous sommes entourés d'êtres à côté desquels nous passons par manque de curiosité ou par indifférence. Pourtant, tous ont des envies, des talents ou des rêves à partager. Il faut apprendre à les connaître, échanger, s'intéresser. Chacun a quelque chose à nous apporter, à nous enseigner. De tout cela peuvent naître des projets, des opportunités et de nouvelles chances.

Pensée du 324ᵉ matin
20 novembre

Soigner son corps

Il faut soigner et entretenir son corps. Il est un instrument essentiel de l'existence. « L'état » du corps en dit beaucoup sur « l'état » de l'esprit.

Pensée du 325e matin
21 novembre

De l'importance du physique

Il est important de se sentir bien physiquement pour se sentir bien dans sa tête.

Pensée du 326ᵉ matin
22 novembre

Fortifier son caractère

Les difficultés font partie de la vie. En les sur-
montant, on prend confiance en soi et on fortifie
son caractère. En les fuyant, on se fragilise et on
s'affaiblit.

Pensée du 327ᵉ matin
23 novembre

De la gaîté

Fréquenter des gens positifs et enthousiastes.
Fuir les rabat-joie.

Ne pas se laisser gagner par la morosité.

S'entourer d'amis gais, sachant parfois être
légers.

Prendre du recul, pratiquer l'humour, savoir
sourire.

Se construire ainsi une vie entourée de remparts
de joie et de bonne humeur.

Pensée du 328ᵉ matin
24 novembre

Se rassasier pour être meilleur

Un homme rassasié est un homme meilleur. Ainsi, ne pas hésiter à proposer à celui qui s'énerve de partager un repas, un encas ou un morceau de chocolat, excellent antistress.

Pensée du 329ᵉ matin
25 novembre

Chanter

Lorsqu'on est tendu et stressé, chanter est un excellent décontractant. Entre autres vertus, le chant engendre la bonne humeur.

Pensée du 330ᵉ matin
26 novembre

Lien social

Chanter est un excellent lien social, qui attire l'attention des autres, l'écoute, la sympathie. Il est même parfois communicatif. Et si l'on fredonnait un air aujourd'hui... l'automne serait moins gris.

Pensée du 331ᵉ matin
27 novembre

Baisser d'un ton

S'obliger à parler moins fort incite tout le monde autour de soi à baisser également d'un ton. La conversation devient alors plus harmonieuse. N'est-ce pas mieux ainsi ?

Pensée du 332ᵉ matin
28 novembre

Reconnaître un ami

Ne pas chercher l'amitié de ceux qui ne nous méritent pas. Un « ami » qui n'écoute pas, ne partage pas, ne donne pas ou n'est pas là en cas de besoin n'est pas digne d'être un ami.

Pensée du 333ᵉ matin
29 novembre

Suis-je un « bon » ami ?

Et nous, sommes-nous digne de la confiance et de l'amitié que l'on nous accorde ? Savons-nous répondre présent quand on nous le demande ? Se poser la question aujourd'hui : « Qu'ai-je fait récemment pour mes amis ? »

Pensée du 334e matin
30 novembre

La parole est au cœur

Dans le doute, mieux vaut laisser parler son cœur que de chercher à voiler ses sentiments et ses véritables intentions.

Pensée du 335ᵉ matin
1ᵉʳ décembre

Les vertus du sport

Ceux qui n'entretiennent pas leur corps ou leur forme physique se font du tort à eux-mêmes. L'exercice est un puissant calmant. Après quelques minutes de sport, on est détendu et vidé de son stress. Cela permet de se sentir mieux dans sa peau et d'attaquer la journée en pleine forme.

Pensée du 336ᵉ matin
2 décembre

Isolement

Le calcul, le manque de générosité, l'avarice iso-
lent. Si l'on veut être entouré d'amitié et d'amour,
il faut savoir donner sans compter.

Pensée du 337e matin
3 décembre

Sacrifices

En sacrifiant ce que l'on veut fondamentalement à ce que l'on veut immédiatement, on s'expose à de grands regrets pour de petites satisfactions.

Pensée du 338ᵉ matin
4 décembre

Noter ses objectifs

Coucher par écrit ses objectifs et ses priorités. Ainsi les sort-on de l'abstraction pour les ancrer dans la réalité. C'est une façon de s'en rapprocher.

Pensée du 339e matin
5 décembre

Effort

Un effort, même s'il n'apporte pas les fruits espérés, n'est jamais perdu.

Pensée du 340e matin
6 décembre

Oublier ses frustrations

Nous sommes tous exposés aux frustrations et aux déceptions. Paradoxalement, ce sont souvent les petites déconvenues qui provoquent les plus grandes amertumes. Nous les ressassons, maudissons les circonstances ou les personnes qui en sont à l'origine, sans réaliser qu'un tel comportement altère notre capacité à rebondir et à percevoir de nouvelles opportunités. La frustration nourrit ainsi la frustration, alors qu'un esprit positif porte en lui la capacité de se régénérer.

Pensée du 341ᵉ matin
7 décembre

Positifs

Noter que les êtres qui réussissent sont en général positifs, toniques, authentiques et dotés d'une belle force régénératrice. Calquer notre comportement sur le leur.

Pensée du 342ᵉ matin
8 décembre

Apprécier ce que l'on a

C'est l'une des grandes leçons de la vie : si l'on sait apprécier ce que l'on a, on finit toujours par obtenir davantage.

Pensée du 343ᵉ matin
9 décembre

Se vider la tête

Le jardinage et le bricolage sont d'excellents antistress. Ces activités, qui nécessitent concentration, application et patience, peuvent conduire sur les chemins de la sagesse.

Pensée du 344ᵉ matin
10 décembre

Désolation

La presse, la télévision nous montrent chaque jour des photos ou des images de grands blessés de la route. Clichés épouvantables de vies à jamais brisées. Mesurer l'horreur et le désastre de la vitesse, l'imprudence et la bêtise. Est-on sûr de vouloir participer à tout cela ?

Pensée du 345ᵉ matin
11 décembre

Couper le fil

Être capable de ne pas décrocher son téléphone pendant une journée entière et réaliser que la plupart des « urgences » peuvent attendre, et que ceux qui avaient « impérativement » besoin de nous joindre ont su se passer de nous. Tant de personnes qui nous appellent pour ne rien dire ! Apprendre ainsi à ne plus être esclave des soubresauts du quotidien, et retrouver le calme et la sérénité.

Un « jeûne de l'esprit » à s'imposer de temps en temps. Pourquoi pas aujourd'hui ?

Pensée du 346ᵉ matin
12 décembre

Se remémorer les bons souvenirs

Lorsqu'une pensée négative envahit notre esprit, la remplacer aussitôt par une pensée positive. Ainsi, plutôt que de ressasser une dispute avec son conjoint (ce qu'il vous a dit, ce que vous lui avez répondu...) et s'énerver davantage, la chasser d'un revers de la main en se remémorant un dîner agréable quelques jours plus tôt, le fou rire de la veille, ou quelque autre bon moment passé ensemble... Cette autosuggestion positive chassera la précédente en la replaçant à sa juste valeur : un incident de parcours sans importance. Sentir l'apaisement que l'on en retire. On évite ainsi de se gâcher la journée de bon matin.

Pensée du 347ᵉ matin
13 décembre

Réalisation

Si l'on a effectué ce que l'on avait à faire la veille, on se réveille plus en forme, plus détendu, et la journée commence mieux.

Pensée du 348ᵉ matin
14 décembre

« Je vais bien, je suis heureux »

Se dire à haute voix : « Je vais bien, je suis heu-
reux. »
Le répéter.
Encore.
Et encore une fois...
Tant d'autres n'ont pas ce bonheur.

Pensée du 349ᵉ matin
15 décembre

La perfection n'est pas de ce monde

Rien ni personne n'est parfait. Même pas nous.
Et si on l'acceptait une bonne fois pour toutes ?

Pensée du 350ᵉ matin
16 décembre

Être en paix avec soi

Pour s'apaiser et espérer être heureux, il faut accepter et s'accepter. Faire la paix avec les autres et avec soi-même. Et entrevoir un début de bonheur.

Pensée du 351ᵉ matin
17 décembre

Solitude

Accepter de s'isoler pour penser à sa vie,
prendre du recul, réfléchir à ses actes, décider de
ce que l'on veut faire et où on veut aller, demain,
l'année prochaine.

Pensée du 352ᵉ matin
18 décembre

Chandelle

Mieux vaut allumer une seule et minuscule chandelle que de maudire l'obscurité, rappelle une célèbre pensée de la philosophie chinoise.

Pensée du 353ᵉ matin
19 décembre

Homme de bien

Nos sociétés modernes ont tendance à oublier
certaines valeurs, comme celles d'être un homme
(ou une femme) de bien. Aujourd'hui, ces mots
semblent ne plus rien vouloir dire. Pourtant, un
homme de bien est celui qui sait rester simple, se
montrer généreux, à l'écoute de ceux qu'il aime,
tout en restant ferme sur ses convictions. Se poser
la question : est-on soi-même un être de bien ?

Pensée du 354ᵉ matin
20 décembre

Vaincre la peur

La peur sclérose, paralyse et défait les plus grandes audaces. Ceux qui ont réussi leur vie ont commencé par la combattre. À moins qu'ils ne l'aient tout simplement ignorée.

Conte pour réchauffer l'hiver

Les deux malades

Deux hommes, sérieusement malades, occupaient la même chambre d'hôpital. Tous deux devaient rester alités, mais l'un des deux avait l'autorisation de se redresser dans son lit, pendant une heure, chaque après-midi, tandis que son compagnon d'infortune devait rester couché.

Le lit du premier homme étant situé juste à côté de la fenêtre, il profitait du laps de temps où il pouvait s'asseoir pour regarder au-dehors et décrire à son ami tout ce qui se passait à l'extérieur.

La chambre donnait sur un parc avec un magnifique lac. Les canards et les cygnes jouaient sur l'eau, tandis que les enfants faisaient naviguer leurs bateaux miniatures. Les jeunes amoureux marchaient bras dessus, bras dessous. Tout cela était beau et bucolique. Pendant une heure, l'homme assis décrivait tout à son compagnon, avec force détails.

Ce moment embellissait la journée. Les deux hommes en profitaient pour se raconter leurs souvenirs, évoquer les enfants et leur famille... Pendant ce temps, tous deux oubliaient leur maladie, et cela mettait un peu de douceur dans leur malheur.

Au fur et à mesure des semaines, ce rendez-vous de l'après-midi devint une forme de récompense qui égayait leur vie quotidienne.

Quand l'heure arrivait, la féerie narrative recommençait. L'homme décrivait les fleurs, les arbres, en essayant de deviner leur variété, les enfants qui jouaient dans le bac à sable, la vue sur la ville au loin... En écoutant ces détails, l'autre fermait les yeux de bonheur en imaginant ces scènes belles et pittoresques.

La vie s'écoulait ainsi. Mais un matin, l'infirmière entra dans la chambre et découvrit que l'homme près de la fenêtre s'était éteint dans son sommeil.

Attristée, elle se fit aider pour enlever le corps, sous les yeux de son voisin, qui pleura la disparition de son ami.

Lorsqu'il sentit le moment propice, il demanda s'il pouvait être placé dans le lit à côté de la fenêtre. L'infirmière fut heureuse de lui faire ce plaisir et, après s'être assurée qu'il était confortablement installé, le laissa seul.

Lentement, il se hissa sur un coude pour jeter un premier coup d'œil à l'extérieur. Il aurait enfin la joie de voir par lui-même tout ce que son compagnon savait si bien lui décrire... mais tout ce qu'il vit fut un mur !

Pourquoi son compagnon disparu lui avait-il décrit tant de merveilles alors qu'il n'y avait rien ? demanda-t-il à l'infirmière.

« Sans doute pour vous donner du courage, répondit cette dernière en souriant, car, vous ne le saviez peut-être pas, mais il était aveugle. »

La morale de cette histoire est qu'il y a un bonheur immense à rendre les autres heureux, en dépit de ses propres soucis.

Et que si la peine partagée divise par deux la douleur, alors la joie partagée est double.

Pensée du 355ᵉ matin
21 décembre

Idéaux

Ne pas être cynique, désabusé ou aveugle ; la vertu et la bonté existent, même dans ce monde imparfait et violent qu'est le nôtre.

Pensée du 356ᵉ matin
22 décembre

Prévoir

Ne pas faire comme l'imprévoyant de la fable,
qui creuse un puits quand il a soif.

Pensée du 357ᵉ matin
23 décembre

Enfants de l'univers

Nous sommes tous des enfants de l'univers.
Autant que les arbres, les étoiles, les oiseaux...
Nous sommes liés à tout et formons un tout. S'imprégner de cette vérité pour se sentir en paix. Et
à sa place.

Pensée du 358ᵉ matin
24 décembre

Grand seigneur

Profiter de ce jour de fête pour accomplir un acte de générosité insensé dont on sera fier.

Pensée du 359e matin
25 décembre

Partage

Aujourd'hui, l'important n'est pas les présents que l'on a reçus ou offerts, ni le repas que l'on s'apprête à prendre, mais le temps et l'amour que l'on va partager avec ses proches.

Pensée du 360ᵉ matin
26 décembre

La conscience du bonheur

Si, autour de nous, les gens rient, échangent, s'amusent et semblent relâchés, faire silence un instant, et prendre conscience du bonheur.

Pensée du 361e matin
27 décembre

S'adapter

Parfois, il faut savoir changer de comportement, de méthode ou d'attitude. Ou même accepter de revoir les principes qui jusque-là régissaient notre vie. Cela ne veut pas dire qu'ils étaient mauvais, mais tout simplement qu'ils ne répondent plus à nos besoins. Cela s'appelle s'adapter. De telles remises en cause sont douloureuses, mais ceux qui les acceptent en sortent grandis, parce qu'ils se sont dépassés eux-mêmes.

Pensée du 362e matin
28 décembre

Mérites...

Choisir pour soi le meilleur, le plus beau, le plus valorisant, le plus gratifiant... parce qu'on le mérite, tout simplement.

Pensée du 363e matin
29 décembre

Renaissance

Chaque matin est une renaissance. Ce que nous ferons de ce nouveau jour, voilà qui est le plus important.

Pensée du 364ᵉ matin
30 décembre

Qu'ai-je rendu ?

La fin de l'année est la période des bilans. Qu'avons-nous accompli ? Que reste-t-il à faire ? Mais surtout, qu'a-t-on reçu et qu'a-t-on rendu ?

Pensée du 365ᵉ matin
31 décembre

Le plus beau à venir

En ce dernier jour de l'année, ancrer en soi la certitude que le plus beau reste à venir...

DU MÊME AUTEUR

Des femmes d'influence, Hachette Carrère, 1991.
La Fête des maires, Lattès, 1993.
La Présidente, Éditions 1, 1997.
Le Livre de la sérénité, Éditions 1, 1999.

Composition réalisée par Nord Compo

Achevé d'imprimer en septembre 2007 en Espagne par
LIBERDUPLEX
Sant Llorenç d'Hotrons (08791)
Dépôt légal 1re publication : octobre 2007
N° d'éditeur : 91853
LIBRAIRIE GÉNÉRALE FRANÇAISE
31, rue de Fleurus – 75278 Paris Cedex 06

30/8429/0